Der Pädagoge F. Fröbel und die Frauen

Detlef Krone

Der Pädagoge F. Fröbel und die Frauen

Beziehungsbedürfnisse aus den Anfangstagen
des Kindergartens

PETER LANG
Frankfurt am Main · Berlin · Bern · Bruxelles · New York · Oxford · Wien

Bibliografische Information der Deutschen Nationalbibliothek
Die Deutsche Nationalbibliothek verzeichnet diese Publikation in
der Deutschen Nationalbibliografie; detaillierte bibliografische
Daten sind im Internet über http://dnb.d-nb.de abrufbar.

Die Veröffentlichung dieser Arbeit
wurde finanziell gefördert
durch die Bildungs- und Begegnungsstätte
„Lernen lernen" e.V. Oldenburg (i. O.).

Umschlaggestaltung:
© Olaf Glöckler, Atelier Platen, Friedberg

Abdruck der Umschlagabbildung
mit freundlicher Genehmigung
des Friedrich-Fröbel-Museums
Bad Blankenburg.

Gedruckt auf alterungsbeständigem,
säurefreiem Papier.

ISBN 978-3-631-61980-3
© Peter Lang GmbH
Internationaler Verlag der Wissenschaften
Frankfurt am Main 2011
Alle Rechte vorbehalten.

Das Werk einschließlich aller seiner Teile ist urheberrechtlich
geschützt. Jede Verwertung außerhalb der engen Grenzen des
Urheberrechtsgesetzes ist ohne Zustimmung des Verlages
unzulässig und strafbar. Das gilt insbesondere für
Vervielfältigungen, Übersetzungen, Mikroverfilmungen und die
Einspeicherung und Verarbeitung in elektronischen Systemen.

www.peterlang.de

Inhaltsverzeichnis

Einleitung 7

1 Kindheit und Jugend 9

2 Fröbel und die Frauen 15
   2.1 Erste Begegnungen mit Mädchen und Frauen 19
   2.2 Die Fröbel- Schülerinnen 24
   2.3 Die Ehefrau Wilhelmine 35
   2.4 Die (zweite) Ehefrau Luise Levin 45
   2.5 Caroline v. Holzhausen 48
   2.6 Die Töchter seines Bruders 55
      2.6.1 Albertine 57
      2.6.2 Emilie 59
      2.6.3 Elise 66
   2.7 Wenn nicht Liebe - dann wenigstens Geld 71
   2.8 Der stumme Widerstand der Keilhauer Frauen 75

3 Über die Mutter-Sehnsucht hinaus 79
   3.1 Frauen als Musen 82
   3.2 Frauen als Liebesobjekte 86
   3.3 Fröbels Trauma 93
   3.4 Fröbels Wut 94
   3.5 Verbrauch der Liebesobjekte 97

4 Der Kindergarten und die Gärtnerin – Chimären 105

Literaturverzeichnis 115

Einleitung

Als fünfzigjähriger Mann, unter dem Druck vielfältiger belastender Ereignisse, wendet sich der Schulpädagoge Friedrich Fröbel vom Schulunterricht ab und der Kleinkindererziehung, inklusive einer Frauen- und Müttererziehung, konzeptionell und praktisch zu. Unabdingbar gehört dazu auch die Produktion von neuartigem didaktischen Materialien. Denn auch bei Fröbel (ähnlich Rousseau, Pestalozzi) ist bei der Kleinkinderziehung den Müttern/Erzieherinnen, detailliert bis in die verbalen und gegenständlich unterstützen Interaktionen hinein, vorgeschrieben, wie sie mit den Kleinkindern umgehen sollen. Bei Fröbels's Konzept bilden seine kreativen Schöpfungen der Spielgaben (z.b. Kugel, Walze, Würfel) integrale Bestandteile seines Programms zur Kleinkinderziehung.[1] Seitdem gilt Fröbel als Begründer des Kindergartens. Sein Name, sein Kindergarten werden häufig in der Geschichte der Pädagogik als Synonyme verwendet, um den Beginn des Neuen in der deutschen bürgerlichen Pädagogikgeschichte zu veranschaulichen. Gemäß dieser Zuordnung wird ihm auch der Rang eines Klassikers der Kleinkindererziehung zugewiesen.

Wer auch noch heute in der Pädagogikgeschichte als Erfinder des Kindergartens gilt, muss aus Sicht einer wohlwollenden pädagogischen Öffentlichkeit ein Kinderversteher, ein Kinderfreund sein. Allein schon deswegen, weil er das Recht des Kindes auf Bildung zum Naturrecht erklärt. Zweitens dadurch, weil er durch die Art und Weise der Befriedigung des kindlichen Bildungsbedürfnisses eine freundliche, spielerische und dem Kind zugewandten Art konzipiert. Wer so die Entdeckerlust und Lernfreude des Kindes achtet, weist ein feinnerviges Verständnis für kindliche Bedürfnisse auf.

In der pädagogischen Literatur wird Fröbel als einfühlsamer Mann beschrieben, der eindrucksvoll die Herzen der Frauen erreicht. Gleichwohl ist Fröbel den Frauen gegenüber in einer heftigen Ambivalenz verfangen. Er bestätigt ihnen, das ihre Art Kinder zu erziehen zu verwöhnend sei und dennoch umwirbt er sie, damit sie sich in seiner Bildungsstätte zur „vervollständigten" Mutter ausbilden lassen. Seine Werbung um ihre Aufmerksamkeit geht einher mit dem Anspruch, dass er von ihnen in seiner Führerschaft anerkannt wird. Die Idee des Kindergartens ist also von Anfang an mit dem Bild verbunden, hier hat ein empfindsamer Mann mit ausgeprägten Führungs- und Anerkennungswünschen, das kindliche Bildungsbedürfnis und das mütterliche/frauliche Unterrichtsbedürfnis einfallsreich zusammengeführt.

---

[1] Fröbel ist nicht der erste Pädagoge, der in geometrischen Körpern hilfreiche Spiel- und Lehrmittel sieht. Vgl. Prüfer, J. (1909): S.22, Fußnote 6

Der vorliegende Text unternimmt den Versuch, den Kindergartenbegründer in seinen Frauenbeziehungen darzustellen. Zum einen geht es um die Darstellung von biografischen Feinheiten. Zum anderen geht es um den Versuch, das Verwobensein von Biografie und die Umsetzung der Idee eines Kindergartens als eine individuelle Bewältigung von Lebenskrisen zu skizzieren. In den Anfangstagen des Kindergartens schälen sich aus den Fröbelschen Interaktionsstrukturen Sinngestalten heraus, die auf lebensgeschichtlich begründete Verletzbarkeiten und Bedürfnisse hinweisen.

Als Basis der vorliegenden Betrachtungen dient vor allem seine umfangreiche briefliche Korrespondenz.. Diese ist seit wenigen Jahren durch die Online-Gesamtausgabe der Fröbelbriefe leicht zugänglich geworden.[2] Zum anderen wurden bereits in verschiedenen Buchausgaben zahlreiche Briefe von Fröbel veröffentlicht (Gumlich, Lange, Halfter, Hoffmann, Heiland).

Natürlich ist eine Fokussierung auf Selbstzeugnisse nicht unbedenklich, da diese immer nur eine vielfältig gebrochene, und damit inhaltlich selektive und sprachlich kontrollierte individuelle Erfahrungsgeschichte bieten können. Deshalb greife ich zuweilen als Korrektiv auf Beobachtungen von Zeitzeugen zurück.

---

[2] Bibliothek für Bildungsgeschichtliche Forschung des Deutschen Instituts für Internationale Pädagogische Forschung (DIPF). Herausgegeben von Helmut Heiland (Fröbel-Forschungsstelle der Universität Duisburg-Essen) und der Bibliothek für Bildungsgeschichtliche Forschung des Deutschen Instituts für Internationale Pädagogische Forschung. Als kundige Quelle haben sich auch die Internetseiten von Manfred Berger erwiesen: Frauen in der Geschichte des Kindergartens. http://www.kindergartenpaedagogik.de/berger.html. Stand: 03.11.2010

1 Kindheit und Jugend

Der Lebenslauf von Friedrich Fröbel weist mit anderen berühmten Erziehern und Erziehungstheoretikern eine Gemeinsamkeit auf: Bei vielen von ihnen zeigen sich durchweg Lebensgeschichten, die durch frühe Verluste von Elternteilen bestimmt sind. In mehreren Fällen fehlt früh die Mutter (z.b.: Rousseau, Fröbel, Flitner), seltener der Vater (z.b. Pestalozzi). Friedrich Fröbel hat sein Halbwaisenschicksal für sich selbst stets als lebensbestimmend angesehen:

> „Ich habe es oft im allgemeinen und namentlich auch wohl zu Euch insbesondere ausgesprochen, daß gleich mit dem Tod, mit dem Verluste meiner Mutter [...], daß mit diesem Augenblick mein ganzes künftiges Leben seinen Charakter, und ich möchte selbst sagen, seinen Beruf und seine äußere Form als Mensch dieser Zeit und dieses Raumes erhielt."[3]

Die Spuren dieser frühen peinigenden Trennungserlebnisse bleiben häufig ein ganzes Leben hindurch bestehen: Für die Betroffenen im eigenen Erleben selbst spürbar und für alle anderen im Verhalten offenkundig.

Der Erziehungswissenschaftler und Analytiker Volker Kraft, der eine tiefenhermeneutische Untersuchung über Pestalozzi durchgeführt hat, kann Fröbels Einsicht resümierend nur zustimmen:

> „Pädagoge wird man offenbar selten aus freien Stücken..."[4]

Krafts Annahme lautet, dass die Ursprünge der feinen Empfindsamkeit für pädagogische Situationen vielfach in Mangelerfahrungen und Konflikten oder gar in frühen Störungen zu suchen sind, und dass sich die Pädagogik somit als Wissenschaft in zweierlei Hinsicht aus der Erziehung selbst entwickelt: Aus der meist leidvollen Erfahrung als Erzogener und der vielfach tragisch verlaufenden Lebensgeschichte als Erzieher und Erziehungstheoretiker. Deswegen hier ein Kurzüberblick über Kindheit und Jugend von Friedrich Fröbel, um einen Eindruck seiner frühen Mangel- und Belastungserfahrungen zu erhalten.

Ein weiterer Zusammenhang ist hervorzuheben, da Fröbel nie nur als Lehrer und Kindererzieher wirkt, sondern vor allem auch als Mädchen- und Frauenerzieher. Es geht also nicht nur um die psycho-dynamische Qualität der Beziehung Kind-Pädagoge, sondern auch um die Beziehungsqualität zwischen bildungshungriger junger Frau und Berufsausbildner.

In dem Thüringer Dorf, Oberweißbach, wird am 21. April 1782 Friedrich Fröbel als sechstes Kind geboren, quasi als Spätnachkömmling. Seine Mutter ist zum Zeitpunkt seiner Geburt schon 36 Jahre alt.

---

[3] Gumlich, B. (1935): S.3f
[4] Kraft, V. (1998): S.239

Sein Vater arbeitet als evangelischer Dorf-Pfarrer. Der Vater ist mit der seelsorgerischen Tätigkeit für eine 5000 Menschen umfassende Gemeinde, die sich über mehrere Dörfer erstreckt, ausgelastet. Nur zehn Monate (Februar 1783) nach Friedrichs Geburt stirbt die Mutter. Es ist anzunehmen, dass dann das Dienstpersonal für seine Pflege zuständig ist, später vielleicht auch seine 8 Jahre ältere Schwester Juliane. Drei Jahre später heiratet der Vater eine wesentlich jüngere Frau. Diese zieht sich – nach anfänglicher freundlicher Zuwendung – mit der Geburt ihrer eigenen beiden Kinder (1786 und 1792) von Friedrich zurück. Diese 33jährige „derbe und wackere Hausfrau" (Osann) entwickelt ihm gegenüber allmählich eine abweisende Haltung.

So verwandelt, wie Fröbel schreibt, die Stiefmutter das „seelenverbindende Du" in das „alles isolierende" Wort „Er". Aus seiner Lebens-Rückschau dokumentiert für Fröbel diese Anrede den Beginn seiner persönlichen Abwertung im elterlichen Haus.

Neben dem zweimaligen Verlust einer Mutter wird Fröbels Kindheit durch die dogmatische christliche Gläubigkeit seines Vaters bestimmt. Der väterliche Glauben ist zudem von einem christlichen Selbstverständnis geprägt, das von Sünde und Strafe bestimmt war und ihn ängstigte.[5]

Weil er sich häufig in „Widerspruch mit der Zeit und der Welt" erlebt, hat er immer Angst vor den harten Strafen seines Vaters. Dennoch führt sein Verhalten dessen ungeachtet fortwährend zu wiederkehrenden Konflikten und zu neuen Strafen. So liegt es nahe, dass ein kindlicher Entlastungsversuch des Jungen in seinem sozialen und räumlichen Rückzug besteht.[6]

Geschwisterlichen Beistand findet der kleine Friedrich bei den älteren Geschwistern nicht, es gibt mit ihnen nur wenige Kontakte. Die drei älteren Brüder (Traugott, Christoph, Christian) sind schon außer Haus, studieren oder arbeiten. Die ältere Schwester Juliane[7] kümmert sich später in erster Linie um die zwei jüngeren Stiefgeschwister.

Der Bruder der verstorbenen Mutter lebt in Stadt-Ilm und arbeitet dort auch als Pfarrer. Bei einem Besuch im Fröbelschen Elternhaus fällt ihm der bedrückt und verschlossen wirkende Junge auf, und er bemerkt wohl auch dessen schwierige häusliche Situation. Er selber ist Witwer und hat gerade seinen einzigen Sohn verloren. Daraufhin entschließt er sich, den fast elfjährigen Jungen bei sich aufzunehmen. Fröbels Vater sieht seinerseits keinen Anlass das Angebot seines Schwagers und Amtsbruders nicht anzunehmen. Fröbel erlebt sich dann bei seinem Onkel wie befreit. In diesem Haushalt ist die „Beschränkung des Raumes"

---

[5] Heiland, H. (1982): S.10
[6] Heiland, H. (1982): S.11
[7] Es lassen sich nur wenige Lebensdaten zu Juliane Dorothea Wilhelmine Fröbel angeben. 24. Juni 1774 bis ? Vgl.: www.religio.de/froebel/genealo/julian.html. Stand: 2.4.2006

von Oberweißbach aufgehoben, die Zeit der strengen väterlichen „Strafen-, Sünden- und Höllenreligion" überwunden. Rückblickend auf diese lebensfrohe Zeit bei seinem Onkel stellt Fröbel fest:

> „Ich trank hier frischen Lebensmut in langen Zügen; denn die ganze Gegend war mir nun ein Tummelplatz, wie früher mein Gehöft. Ich gewann Freiheit des Gemütes und erstarkte körperlich."[8]

Erstmals kommt Friedrich unter gleichaltrige Spielkameraden, hat aber stark an seiner körperlichen Schwäche und Ungewandtheit beim gemeinsamen Spiel mit der Dorfjugend zu leiden. Dennoch erholt er sich in dieser neuen und ihm freundlich zugewandten Umgebung. Dort erlebt er erneut die protestantische Rigidität des nicht für sich selbst Wirkenden, sondern als einer der für andere fühlt, denkt und schafft. Dies Selbstbewusstsein, das nun aus zwei Pfarrhäusern in ihn eingesickert ist, bleibt ihm erhalten: Er weiß – wenn es darauf ankommt – immer alles besser, was der andere fühlt, denkt bzw. fühlen und denken sollte.

Doch sein Aufenthalt bleibt nicht von langer Dauer. Die Ernüchterung kommt nach der Konfirmation, als der 15jährige wieder zurück in das Vaterhaus gehen muss.

Da die schulischen Leistungen nicht gut sind und Vater wie Stiefmutter dem Jungen nicht viel zutrauen, wird Friedrich für eine praktische Berufstätigkeit vorgesehen. Er wird in die Lehre als Feldvermesser zu einem Förster in der Nähe von Hirschberg an der Saale gesteckt. Das Niveau seiner dortigen Arbeitsbelastung bleibt gering, das seiner Ausbildung allerdings auch. Dieser Förster Wirtz verfügt selber nur spärliche fachliche Grundlagen für seinen Beruf, kann daher wenig von dem Forstwesen, der Feldvermessung, der Geometrie und Botanik vermitteln. So fängt Fröbel an, sich allein mit mathematischer und botanischer Literatur zu beschäftigen, gelangt aber schnell an die Grenzen seines autodidaktischen Vorgehens. Aus dieser Situation erstellt Fröbels Ausbilder dem Lehrling ein schlechtes Zeugnis. Diese Bewertungen bewirken wieder einmal eine deutliche Verärgerung beim Vater.

Fröbel hofft, dass ein Studium an einer Universität ihm weiterhelfen könne, seinen Wissensdrang zu befriedigen und ihn aus der Enge der elterlichen Missachtung befreien werde. Während seine Brüder und auch der Halbbruder studieren bzw. für das Studium vorgesehen sind, befürwortet sein Vater keinesfalls für ihn einen solchen Bildungsweg. Er schätzt Fröbel eher als minder begabt ein. Hinzu kommt die negativ ausfallende Einschätzung des Försters. Nach einem Besuch des Bruders Traugott in Jena, der dort an der Universität Medizin stu-

---

[8] Fröbel, F. (1827): Aus einem Brief an den Herzog von Meiningen. In: Lange, W. (1862): S.45

diert, versucht Fröbel dennoch den Vater zu überzeugen, ebenfalls dort studieren zu dürfen. Erst als der unbeirrbare Fröbel das Erbteil von seiner Mutter einklagen will, willigt der Vater widerwillig ein. Fröbel schreibt sich in das Wintersemester 1799/1800 zum Studium der Naturwissenschaften ein.

Diese für Fröbel freie Zeit, die er aber zumeist als Stubenhocker verbringt, wird aber bald wieder getrübt. Er leiht seinem Bruder Traugott 30 Taler, die er von ihm nicht wieder zurückbekommt. Nun muss er selbst Schulden machen und daraufhin eine Karzerstrafe absitzen. Erst nach zwei Monaten kauft ihn der Vater frei und enterbt ihn sogleich. Es folgt für Fröbel nur noch ein kurzer Aufenthalt zu Hause mit der Pflege des inzwischen schwer erkrankten Vaters. Kurz darauf stirbt der Vater und Fröbel verlässt endgültig den elterlichen Hof.

Der Nestor der Fröbelforschung, Helmut Heiland, fasst 1998 Fröbels Nöte in der Kindheit zusammen:

„... nicht geliebt und unbeachtet, ja verachtet, in seinem Selbst nicht respektiert." [9]

Im frühen Tod der Mutter, in der Ablehnung durch die Stiefmutter, und mit dem unsensiblen Dorfpfarrer als Vater zeigen sich für den kleinen Friedrich hinderliche Bedingungen für eine glückliche Kindheit.

Im Blick der für die Ausbildung einer stabilen männlichen Identität notwendigen Beziehungserfahrungen lässt sich Fröbels Kindheit allerdings noch präzisieren.

Die Bedingungen, unter denen er die ersten sechs Jahre seines Lebens heranwuchs, sind geprägt, das er nicht nur früh, sondern mehrfach in seiner Entwicklung gestört wird. So wird das Bedürfnis des kleinen Friedrich nach empathischer Zuwendung durch den frühen Tod seiner Mutter nicht bloß schwer frustriert, sondern es scheint mir erlaubt, von einer traumatisierenden Erfahrung sprechen zu können. Die rasche Abkühlung der Beziehung zwischen ihm und seiner jungen Stiefmutter belastet ihn als 4 1/2 jähriges Kind in seiner Entwicklung erneut schwer. Als Grunderfahrung bekommt er auf seinen weiteren Weg mitgegeben: Die Nähe zu Frauen transportiert immer eine gefährdete Stabilität, mit der Gefahr tief enttäuscht zu werden.

Und der übermächtige und hart strafende Vater behindert eine geglückte Lösung im ödipalen Entwicklungsschritt. Männliche Identität ist so nur bruchstückhaft auszubilden. Zumal ihm die identifikatorische Erfahrung männlichen Probehandelns im schulischen und dörflichen Umfeld weitgehend versperrt wird. Ohne mütterliche Fürsorge, ohne väterlichen Beistand aber unter den abschätzigen Blicken des kühlen Vaters, igelt sich der Junge ein. Der kleine Friedrich reagiert mit dem Rückzug in seine eigene Welt. Diese Immigration nach Innen äu-

---

[9] Heiland, H. (2003): In: Heiland, H.: S.243

ßert sich in der Vermeidung sozialer Kontakte, mit der Ausbildung eigener beruhigender Trosthilfen aber sich auch als Lernhemmung.
Die produktive Umsetzung beim Aneignen von der Welt - ohne große Vermittlungshilfen durch andere Menschen - gelingt Fröbel, indem er zum Autodidakten wird.

2 Fröbel und die Frauen[10]

In den Darstellungen von Fröbels Lebensgeschichte herrscht Eindeutigkeit, wenn es darum geht, die besondere „Empfänglichkeit" Fröbels für Frauen zu würdigen: Er blüht in ihrer Gegenwart auf. Umgekehrt soll er es aber als älterer Mann verstanden haben, sie als mütterliche Personen einfühlsam anzusprechen. Insbesondere heben Martha Muchow und Adele v. Portugal diese Feinfühligkeit bei Fröbel hervor – persönlich erlebt haben sie ihn allerdings nicht – er ist bereits verstorben.

Auch die Fröbelforscherin Erika Denner folgt dieser Sicht in ihrem Aufsatz von 1998. Dort gibt sie einige Gründe für Fröbels Ausstrahlungskraft an: Seine Wertschätzung der Frau als Mutter, seine Anerkennung ihrer politischen und sozialen Gleichwertigkeit; er befreit sie aus einer unwürdigen Lebenssituation, befriedigt ihr Bildungsbedürfnis, bietet ihr eine berufliche Perspektive.[11] Mit diesem Blickwinkel von Denner kann man bei etlichen Frauen eine gewisse Dankbarkeit erkennen, dass Fröbel als Befreier aufgetreten ist und ihnen neue Lebens- und sogar Arbeitsperspektiven eröffnet.

Eine dieser wohlwollenden Beschreibungen übernimmt Franz-Michael Konrad auch heute (2004): Fröbel besaß

> „... so viel Charisma [...], um immer wieder einflussreiche und energische Persönlichkeit, zumeist Frauen, für seine Absichten gewinnen zu können."[12]

Die Schilderungen von Frauen, die ihm persönlich begegnet sind, z.B. Marenholtz-Bülow, Schrader-Breymann und die von Seele, die von ihm selbst zur Meisterschülerin erklärt wurde, fallen allerdings lange nicht so schwärmerisch aus.

Die Einschätzungen, dass Frauen für Fröbel eine herausragende Stelle in seinem Leben gespielt haben, geben stets als argumentative Grundlagen vorrangig drei Ereignisse an:

---

[10] Der vielversprechende Titel „Fröbel und die Frauen" des Aufsatzes von Denner bringt leider keine psychologischen Darstellungen seiner Frauenbeziehungen, sondern bleibt in bekannten Erklärungshorizonten von biographischen Feinheiten. Denner, E. (1998): S.155-168
Auch Helmut Berger hat zu Fröbels Frauen einige Beschreibungen zusammengestellt. Vgl. http://www.kindergartenpädagogik.de
[11] Denner, E. (1998): S.155f
[12] Konrad, F.-M. (2004): S.485

- die Bedeutung des frühen Todes seiner Mutter,
- seine Beziehung zu Caroline von Holzhausen (die adlige Mutter seiner ersten Zöglinge),
- die Beziehungen zu seinen Nichten (Albertine, Emilie und Elise).

Dabei werden selbstverständlich die psycho-logisch unterschiedlichen überlebensnotwendigen und folgenreichen Beziehungsqualitäten zwischen einem Kleinkind und seiner Mutter mit einer erwachsenen Frau-Mann-Beziehung, umstandslos gleichgesetzt. Durch diese Gleichsetzung gelingt es dann den Biografinnen ohne Probleme, die Kleinkindbedürfnisse an eine Mutter, in der sexuell bestimmten Mann-Frau-Beziehung wieder zu finden.

Fröbel schreibt über die große Bedeutsamkeit seiner früh verstorbenen Mutter:

„Oft und viel habe ich mich und immer sehr gern mit meiner verstorbenen Mutter beschäftigt, mir ihr Leben und ihren Charakter und ihr Verhältnis zu mir, soviel oder so wenig ich davon (wußte), vorgeführt und mir gegenwärtig und klarzumachen gesucht [...] besonders was den Charakter, die Eigenschaften und die Einwirkungen des Dagewesenseins und des Nichtdagewesenseins meiner Mutter auf die Entwicklung meines Lebens und meinen Lebensgang (betrifft), beschäftigte."[13]

Interessanterweise folgen alle – nicht nur die o.g. – Biografen Fröbels eigener Auslegung, wenn es um die psychologisierende Begründung für diese Eigenart geht.

Nur zur Orientierung: Zum Zeitpunkt des Todes seiner Mutter ist Fröbel gut acht Monate alt. Eine Erinnerungsspur aus diesem Alter noch als Kind oder gar als Erwachsener im Bewußtsein zu haben ist mehr als aussichtslos. Wenn es in der Autobiografie darum geht, die frühesten Eindrücke der eigenen Jugend wiederzugeben, schreibt hierzu de Bruyn lakonisch:

„Besonders unzuverlässig sind die fast in jeder Autobiographie vorkommenden frühesten Erinnerungen."[14]

Inzwischen gibt es auch von der neuen empirischen Kindheitsforschung Bestätigung für diese Bemerkung. Denn erst mit der Entwicklung von Sprache wird die Entstehung eines autobiografischen bzw. episodischen Gedächtnisses möglich. Das kindliche autobiografische Gedächtnis ist unzuverlässig, leicht zu täuschen, zu verwirren, es unterliegt Suggestionen und Idealisierungen.[15] Lotte Köhler zeichnet ein Modell des Gedächtnisses, das zwei wesentlichen Aussagen enthält. Erstens: Jedes Erinnern ist eine Neukonstruktion des Gehirns. Zweitens:

---

[13] Gumlich, B. (1935): S.34
[14] Bruyn, G. de (1995): S.39f
[15] Rath, N. (2011): In: Hölzle, C./ Jansen, I. (Hrsg.): S.103

„Erst im Alter von fünf bis sieben Jahren ist die Gehirnreifung so weit fortgeschritten, dass ein autobiographisches Gedächtnis möglich wird."[16]

So alt ist der kleine Fröbel zum Zeitpunkt des Todes seiner Mutter nicht. Also wird es weniger um die erlebte als um eine nachträglich erinnerte Muttererfahrung bei ihm gehen oder deutlicher gesagt, um ein re-konstruiertes Bild. Letztendlich geht es auch nicht darum, wie es wirklich gewesen war, welches die biografische Wahrheit ist. Sinnvoller erscheint mir das Verstehen der Vergangenheit in ihrer Wirkung und wechselseitigen Bezogenheit auf das Fröbelsche Leben und umgekehrt.

In den Mittelpunkt der Betrachtungen seiner Frauenbeziehungen stellt er neben den frühen Tod seiner Mutter nur seine Erfahrung mit Caroline v. Holzhausen, der „Rune seines Lebens" (Fröbel). Eine besondere Erwähnung seiner Nichten-Beziehungen nimmt er nicht vor. Allerdings werden sie dagegen deutlich in seiner langen Verteidigungsschrift „An die Keilhauer Frauen" angesprochen.

Umstandslos wandeln alle Biografinnen auf den von Fröbel vorgegebenen interpretativen Pfaden, wenn es um die Wirkungen seiner Frauenerfahrungen auf seine Persönlichkeit geht. So schreibt z.B. im Jahr 1932, Martha Muchow, Fröbel habe

„... zeit seines Lebens in Sehnsuchtsbindung an die Mutter und die entbehrten Kräfte mütterlicher Sorgfalt und Pflege gestanden. Trotz der unerhört kühnen und [...] fast gewalttätig anmutenden Verarbeitung des Mutterwaisenschicksals [...] bleibt diese Beziehung lebenslang eine Sehnsuchtsbindung.[...] Leise vorbereitend in den Begegnungen [...] mit jungen Mädchen während der Zeit, in der Fröbel [...] Jünglingserlebnisse durchmachte [...] weitet sich Fröbels Sehnsucht nach der vermißten Mutter zum Sehnen nach dem Weiblich-Mütterlichen überhaupt."[17]

„In dem Erlebnis der werdenden Mutter in Caroline von Holzhausen, im Anschauen ihrer ersten Körper, Seelen- und Geistespflege der kleinen Caroline erwächst Fröbel die metaphysische Idee der Mutterschaft, die im Hintergrunde seiner ganzen späteren Erzieherbemühungen steht; in ihm durchdringt er jedoch nicht nur als Metaphysiker die Erscheinung, sondern hier erwächst ihm auch der psychologische Blick für die Wesenszüge der ‚weiblichen Hälfte der Menschheit', die ihn befähigte, Frauen und Mädchen psychologisch so unvergleichlich richtig zu behandeln, Frauen und Mädchen so zu packen und so zu bilden, wie er es in den späteren Jahren seines Berufes tat. Die Kunst seiner Seelenbehandlung aber ist durchdrungen geblie-

---

[16] Köhler, L. (2001): In: Behnken, I./ Zinnecker, J. (Hrsg.): S.66
Das biografische Gedächnis hat eine neurobiologische Basis. Es hängt mit der Entwicklung des Gehirns, mit dem Wachstum und der Reifung des Gehirns zusammen. Die Gehirnareale, die man für das Autobiografische Gedächtnis braucht, namentlich das Ammonshorn oder Hippocampus, reifen erst ab dem 3./ 4. Lebensjahr, wie auch überhaupt das Zentralorgan sich sehr lange im Leben noch fortentwickelt.

[17] Muchow, M. (1932): S.71

ben bis zuletzt von seiner nie – auch wohl in Wilhelmine, seiner ersten Gattin, nicht gänzlich-befriedigte Sehnsucht nach der ‚Mutter' für das Kind in ihm."[18]

Wo bleibt hier die zurückhaltende Kommentierung, wenn Muchow „Fröbels Beiträge zur Psychologie der Frau" darstellt? Für das Niveau der psychologischen Erkenntnisse im Jahr 1932 entfaltet Muchow weder große psychologische Einsichten über Fröbel, noch hält sie eine angemessene distanzierte Darstellungsweise ein.[19] Ihre Darstellung bleibt bemerkenswert plakativ, obwohl sie nicht nur eine Mitarbeiterin am berühmten William Stern-Institut ist, sondern bereits (zusammen mit ihrem Bruder) eine noch heute anerkannte Studie zum „Lebensraum des Großstadtkindes" abliefert. Aber bei Fröbels angeblicher Wirkung auf Frauen wandelt sie ganz selbstverständlich auf den Spuren aller vorangegangenen geisteswissenschaftlich orientierten Biografinnen.[20]

Erinnerung ist ein Thema, das in vielfältiger Weise Theorie und Praxis der pädagogischen Disziplin durchzieht. Sie ist konstitutiv für Lebensgeschichten, für Identitätsentwicklung und für Bildungsprozesse Einzelner. Sie formt gegenwärtige und zukünftige Entwürfe von Gesellschaften, Kulturen und Gruppen.

Erinnerung repräsentiert jedoch kein objektives, allgemeingültiges, vollständiges Wissen über die vergangenen Ereignisse der individuellen Lebenszeit. Erinnerung bleibt bruchstückhaft, sozial überformt, subjektiv, leibbezogen und befindet sich in einem fließenden Übergang zwischen Wahrnehmung und Interpretation, zwischen sinnlichem Eindruck und symbolischem Ausdruck, zwischen Tradition und Transformation.

Erinnerung ist immer Erinnerungsarbeit. Der Zusatz „*arbeit*" verweist auf den Bedeutungshof, nämlich den Modus der Konstruktion. Er hebt den Prozess der schöpferischen Produktion hervor, mithin der subjektiven, individuellen, fa-

---

[18] Muchow, M. (1932): S.71f

[19] Zudem erstellt sie 1935 eine Studie, die unterschiedliche methodische Zugänge (Teilnehmende Beobachtungen, Gespräche, Aufsatzverfahren etc.) anwandte. Bei ihrem methodischen Vorgehen insistierte Muchow auf der Differenz zwischen Erwachsenen/ Forschende- und Kind-Perspektive, eine Haltung, die nahe legt, dass man diese Studie – wie Billmann-Mahecha vermerkt: „heute der qualitativen Sozialforschung zurechnen würde(n)." Billmann-Mahecha, E. (1994): S.209
Im Kontext des von William Stern geleiteten Hamburger Instituts für Jugendkunde wird von Martha Muchow und Hans Heinrich Muchow (1935/1978), eine Studie vorgelegt, die als einer der ersten fundierten Beiträge für eine ökologisch orientierte Lebensweltforschung zur Straßensozialisation von Kindern und Jugendlichen angesehen wird. Diese Arbeit wurde erst posthum durch ihren Bruder Hans Heinrich Muchow 1935 veröffentlicht.

[20] Aber man sollte nicht vergessen, dass sie im Angesicht der Machtergreifung der Nationalsozialisten, der mörderischen Verfolgung ihrer Freunde, ihr Leben nicht mehr lebenswert empfand und sich im September 1933 selbst tötete.

miliären, regionalen und kollektiven Verarbeitungen von (erlebter und gehörter) Geschichte. Betont wird damit, dass ein Sich-Erinnern mit dem Vergessen oder Verdrängen einhergeht, denn sowohl die Lenkung der Aufmerksamkeit auf einen Erinnerungsfokus als auch der Versuch zur Vermeidung konfliktträchtiger Erinnerungen bedarf der intellektuellen wie emotionalen Anstrengung.

Was wird wie warum und mit welchen Folgen erinnert? Eine Frage, die Biografieforschung und Psychoanalyse eint und zugleich die Gegenfrage aufwirft: Was wird wie warum und mit welchen Folgen „nicht" erinnert? Leider tauchen solche Fragen in der Fröbelforschung nur randständig auf: Dort wurde/wird das Erinnern ohne viel Federlesen mit der historischen Wahrheit gleichgesetzt.

2.1 Erste Begegnungen mit Mädchen und Frauen

In Fröbels eigenen biografischen Berichten gibt es einige Schilderungen, in denen er Auskünfte gibt, welche Wirkungen Frauen bei ihm auslösen können. Aber diese Frauen erreicht er beziehungsmäßig kaum oder gar nicht in einer gemeinsamen Wirklichkeit, sodass es nie zu einer Begegnung kommt, die eine wechselseitige Anerkennung von Mann und Frau beinhaltet. Es bleibt meistens dabei, dass er schaut und blickt bzw. sich erblickt empfindet.

Der erste Blick

Fröbel berichtet, dass er zum ersten Mal in seiner Pubertät durch ein Mädchen in eine lustvolle Beunruhigung gebracht wird.[21] Von dem Mädchen sieht er vor allem (nur?), ein wundersam machtvolles aktiv-schauendes und ihm unbekanntes „Augenpaar". Obwohl er von diesem Mädchen nichts Weiteres mitbekommen hatte, riefen diese schauenden Augen bei ihm einen tiefen und extrem lang anhaltenden Eindruck hervor.

> „Der Blick und Ausdruck dieses Auge, der, wenn ich ihn mir jetzt zurückrufe, nur Reinheit, Klarheit, ruhige Kräftigkeit und vor allem unbefangenen höchste Offenheit war, hat mich, ohne dass ich eigentlich als Selbst und Person je mit ihr gesprochen hatte, so mit ihr verbunden, dass ich das Leben [...] als ein einiges in mir betrachtete, was, wenn ich nur den leisesten Blick in die Verhältnisse, wie sie waren, (getan) sich aufgelöst hätte..."[22]

Etliche Jahre später, als Student im zweiten Semester, erfährt er,

---

[21] Nur zur Erinnerung: Alle diese Hinweise stammen von Fröbel selbst. Von daher ist klar, diese Geschichten sind alle durch seine „seelischen Filtersysteme" gesickert.
[22] Gumlich, B. (1935): S.13

„... dass Wilhelmine, das Augenpaar, die Traumgeliebte, mit deren Initialen er noch immer seine Unterschrift schmückte, sich verehelicht habe."[23]

Dadurch fühlt er sich derart „aufgewühlt und wie vernichtet" (Osann), das er erstaunlicher Weise Trost im Anblick des nächtlichen Sternenhimmels sucht und auch findet.

Das „W" des Sternbildes der Kassiopeia hat sich mit der Erddrehung zu einem „M" geformt. Diese nächtliche Himmelserscheinung bleibt kein einmaliges Erlebnis, sondern zeigt sich als ein typisches Sternenbild, das auch noch heute regelmäßig beobachtet werden kann. Die dort droben entdeckte wundersame Erscheinung begreift er als himmlische Botschaft, die ausschließlich für ihn bestimmt ist. „Der enttäuschte Liebende, dem persönlichen Schmerz entfliehend" (Osann), deutet das Sternzeichen nunmehr als Sinnbild für den ihn wichtigen Wandel von „Wilhelmine" zu „Menschheit".

Fröbel gelingt es mit Unterstützung seiner Interpretation des Himmelsbildes, Abschied zu nehmen von einem Mädchen, das er zwar nicht kennt, aber mit dem er sich jedoch in einem Verhältnis wähnt.

Das Erkennen der eigenen Teilhabe an kosmologisch unergründlichen Ordnungen verschafft ihm erleichternden Trost. Und unter der Führung des „M" am Sternenzelt wendet er sich von dem einzelnen Menschen ab und weiteren Trost erhoffend, nun nicht dem einzelnen Menschen, sondern — größenmäßig passend — der Menschheit zu.[24]

Der zweite Blick:

Dann beschreibt Fröbel sein zweites aufregendes Blick-Erlebnis.

Fröbel ist inzwischen 27 Jahre alt. Diesmal weiß er, von wem er angeschaut wird. Es ist Auguste, die Nichte eines Herrn von Rieben.[25] Er lernt sie auf ihrem Abschiedsfest kennen, das sie für ihre Freunde gibt. Er ist jedoch kein geladener Gast der jungen Frau, sondern ein zufälliger Besucher der Mutter. Fröbel schreibt

„... und lernte sie Augusten persönlich kennen, nein, lernte sie nicht kennen, sondern erkennt gleichsam nur eine uralte Jugendgespielin und Seelenverwandte, wie ich sie auch ganz recht bezeichnet hatte, eine Lebensschwester in ihr. Es war, als hätten wir uns je und immer gekannt, [...] es ist als führe man einen Lebens- und Seelenverkehr fort, der schon lange bestanden."[26]

---

[23] Osann, C. (1956): S.21
[24] Gumlich, B. (1935): S.21f
[25] Hoffmann, E./ Wächter, R. (1986): S.429
[26] Gumlich, B. (1935): S.35f

Vor lauter Begeisterung für den vierwöchigen „Seelenbund" mit ihr wandelt er seinen Namen und nennt er sich in der Folge selbst ein ganzes Jahrzehnt lang „August" (einer seiner drei Taufnamen). Ob es nun brüderliche Sympathie bei ihm ist oder gar mehr als ein erotisches Prickeln, ist nicht zu klären.[27] Während eine Frau, Erika Hoffmann, diese Begegnung als „schattenhaft erotisch wie eine Ahnung" beschreibt, spricht der wissenschaftlich-rational geschulte Mann und international anerkannte Fröbelexperte, Helmut Heiland, selbstverständlich von einer „Liebesbeziehung" mit dieser „uralten Jugendgespielin".[28] Heiland interpretiert hier reichlich vorschnell, denn eine erotisierende Wirkung scheint wiederum nicht ersichtlich. So bleibt es eher unwahrscheinlich, dass Auguste selbst auch nur im Ansatz das „Seelenbündische" mit Erotikgeschmack in ihrer kurzen Beziehung zu Fröbel – oder sollte man lieber schlichter von zufälliger Begegnung sprechen – spürt.

Allein ist schon der zeitliche Ablauf für eine Liebesbeziehung kontraproduktiv.

Fröbels Begeisterung für die ihm vorerst völlig unbekannte junge Frau flammt auf, als er erfährt, dass die junge Frau bereits verlobt sei und in wenigen Wochen heiraten würde.

„Es ist mir nicht unwahrscheinlich, dass ich in dieser Begebenheit eine Erfüllung meines ganz frühen Sehnens sah und sie darum, als gleichsam mir gehörig und längst zugedacht, um so mutiger ergriff und festhielt, vielleicht auch das sichere Wissen des bestimmten Umgangs und der Grenze dieses Lebens- und Seelenverkehrs. Doch kann dieses Bewußtsein weder Begierde noch Hast nach Erfassung in den Lebensverkehr bringen, vielmehr floß das Leben so ruhig als sei gar kein Ende desselben. Was aber die große Freiheit und Freudigkeit des Lebensverkehrs betrifft, so deute ich mir diese dadurch, dass ich durch das bestimmte und allgemeine Wissen ihres abgeschlossenen Lebensverhältnisses das Bewußtsein in mir trug, dass keine äußerlich persönliche Beziehung in meinen Äußerungen in das Verhältnis gelegt und es ebenso wenig und ich in meinen Äußerungen mißverstanden wie mißdeutet werden (könne); denn ich achtete ihr Verhältnis wie ich sie um dieses Verhältnisses willen, wenn es möglich gewesen wäre, nur noch höher geachtet haben würde."[29]

Erst als Auguste fort ist, als von ihr keine verführerische Nähe zu befürchten ist, kann der junge Mann, Friedrich Fröbel, sich zugestehen, etwas von seinen unbefriedigt gebliebenen Bedürfnissen zu spüren.

„... in den nächsten Tagen darauf empfand ich tief und immer tiefer, was ich besessen hatte, was sie mir gewesen war, was ich verloren hatte. Ist vorher nie der Gedanke der Liebe gekommen, noch weniger das Wort derselben gebraucht worden, [...]

---

[27] Hoffmann, E./ Wächter, R. (1986): S.430
[28] Heiland, H. (1982): S.18
[29] Gumlich, B. (1935): S.36

da glaubt ich es, [...] ihr schriftlich auszusprechen zu dürfen, was ich empfand, eines sei mit dem Höchsten und Besten, was in mir und was in jedem Menschen lebe."[30]

Es scheint, dass gerade ihre soziale Unnahbarkeit als Verlobte auf Fröbel ungemein anziehend wirkt.

Doch die verlobte Auguste ist realistisch, denn außer einem „Lebewohl" und aufmunternden Bemerkungen verschenkt sie nichts und lässt auch seinen nachfolgenden Brief unbeantwortet.[31]

Und Fröbel löst für sich diese Enttäuschung interpretativ elegant auf: Weil zerronnen – desto mehr gewonnen!

„Bei meiner ganze innern Neigung und Lebensansicht kann diese Trennung mein innerstes Leben ebenso wenig trüben als schwächen, vielmehr stärken, befestigte, erhöhte es sich von nun an."[32]

Der dritte Blick:

Im Verlauf des Befreiungskrieges kommt er als Angehöriger der Lützower Jäger mit seiner soldatischen Abteilung nach Leipzig. Dort besucht er seine Tante (Hoffmann) und lernt deren Tochter kennen. Was passiert?

„Als diese jenen vom ersten Stock herab [...] den kurzen Bescheid gab, bemerkte ich unter dem Hute [...] ein Paar Augen, denen gleich, die eigentlich meine Augen zuerst sahen und die so bestimmend auf mein Leben eingriffen. Werden es diese auch sein? Kaum den Blick im eigenen Auge, den Eindruck des Blickes in der Seele aufgenommen, waren, Blick, Augen und Person, welche sie angehörten, verschwunden."[33]

Von Gumlich gibt es dazu einen kurzen erklärenden Hinweis:

Die Tante Hoffmann hat eine Tochter namens Wilhelmine. Und diese zweite Wilhelmine macht sogleich auf Fröbel einen tiefen Eindruck.[34] Für Halfter hat sich diese Situation in ganz bestimmter Weise abgespielt, es muss seinem Empfinden nach, für Fröbel eine dramatische Wiederholung sein:

„Junge Mädchen kamen, die Tochter zum Spaziergang abzuholen. Die Augen der einen glichen denen der Wilhelmine, die so früh bestimmend in sein Leben eingegriffen hatten. Am Tage in Leipzig findet Fröbel nicht Mut und Zeit, auch nur den Namen des Mädchens zu erfragen."[35]

---

[30] Gumlich, B. (1935): S.37
[31] Gumlich, B. (1935): ebenda
[32] Gumlich, B. (1935): S.37
[33] Gumlich, B. (1935): S.7
[34] Gumlich, B. (1935): S.158
[35] Fröbel, F. In: Halfter, F. (1931): S.351

Mit Beendigung des Krieges (Sommer 1814), Fröbel ist in Flandern, macht er sich von dort aus auf seine Heimreise. Allerdings nicht zielstrebig zu seiner letzten Arbeitsstätte in Berlin, sondern er nimmt einen Umweg in Kauf und wandert zu seinem ehemaligen adligen Arbeitgeber, der Familie v. Holzhausen in Frankfurt. Dort hatte er als Hofmeister nicht nur die Erziehung der drei Kinder über mehrere Jahre übernommen. In der Zeit entwickelten sich wenigstens intensive gedankliche Austauschsituationen mit der aufgeschlossenen Mutter. Doch die Begegnungen mit den Familienmitgliedern wirken auf ihn sehr ernüchternd, und er zieht bald weiter. Nun will er nach Leipzig, durch soldatische Erziehung gefestigt, zutiefst entschlossen diese schöne Unbekannte zu heiraten. Denn während seiner Soldatenzeit, die er nach eigener Beschreibung „wie im Traum" erlebte, kann er in seinen einsamen Soldatennächten nur viel von Frauen träumen: Vor allem aber von *„ihrer Erscheinung und von ihren Augen"*. Jetzt will er in seiner neu gewonnenen „Mannheit" (Fröbel) seine weitere Lebens- und Beziehungsplanung fest in die Hand nehmen.

Jahrzehnte später, in seinem 100seitigen Rechenschafts- und Verteidigungsbericht „Brief an die Keilhauer Frauen", bekräftigt er auch noch einmal die Ernsthaftigkeit seines damaligen Anliegens.[36] Nur die schöne Leipzigerin wäre (theoretisch) eine ernste Alternative für seine spätere Ehefrau Wilhelmine II gewesen. Damit ein nicht schmeichelhafter Vergleich mit seiner Beziehung zu Henriette-Wilhelmine, denn der Leipzigerin hat er nicht einmal einen Liebes--Werbe-Brief geschrieben und ist dennoch über Monate hinweg von ihr sehnend erfüllt. Bei beiden Frauen hat aber Fröbel vor seinen Antragsversuchen keine persönlichen Begegnungen hergestellt.

So weiß diese junge Leipzigerin überhaupt nichts von seinen neuen Plänen. In den konkreten Begegnungen zuvor bleibt er für sie derart unauffällig, dass sie sich kurz nach seiner Visite hoffnungslos in einen jungen Offizier verliebt.

Obendrein infiziert sich diese junge Frau, kurz vor Fröbels Wiederkehr, bei der Pflege ihres Liebsten, der verwundet im Lazarett liegt und dort zudem an Typhus erkrankt. („... ihre Liebe hat sie umgebracht").[37] Dennoch verbinden sich die beiden ehelich noch auf ihrem Sterbebett. Also läuft Fröbels Beziehungsplanung gänzlich ins Leere. Erstaunlicherweise bleibt eine Erschütterung über den dramatischen Tod dieser monatelangen ihn beschäftigenden Traumfrau bei ihm weitgehend aus. Auch der Einsturz seiner Lebensplanung zeigt keinen weiteren

---

[36] Gumlich, B. (1935): S.112

[37] Wie viele anderer Frauen verstirbt sie wenig später – selber nun infiziert (an Typhus) und ihr Geliebter wird gesund. Vgl.: Gumlich, B. (1935): S.83f. Infolge schwerer Mißernten beim Getreide entstehen große Hungersnöten in den Jahren 1816/17. Danach bricht zudem Typhus aus, der die unterernährten Menschen hinwegrafft. Vgl.: Bergeron, L./ Furet, F./ Koselleck, R. (Hrsg., 1969): S.234f

emotionalen Niederschlag bei ihm. Er verspürt zwar einen „dumpfen Schlag" und erlebt sich in einem „Verhängnis", in das er sich aber still zu fügen hätte. Damit ist seine Verarbeitung dieses Dramas für ihn abgeschlossen, aus, vorbei und vergessen. Halfter kommentiert dieses Ereignis:

> „Abermals ist eine ihm nicht leicht gewordene Absicht (zu heiraten, D.K.) durchkreuzt, als läge über allen seinen Wünschen, sobald sie nicht überpersönlich waren, ein und dasselbe Gesetz. Deutlicher erkennen wir: dieser Mann wenn er doch eines Tages glauben wird, eine Ehe schließen zu müssen, wird ein seltsamer Freier sein. Und abermals muss uns um das Herz der Frau bangen, die es unternimmt, ihm als Weib zu folgen, sei es mit willigstem Opfermut." [38]

Halfter formuliert andeutungsweise etwas über Fröbels Persönlichkeit. Leider wird dieser Überlegung nirgends weiter nachgegangen. Was meint Halfter mit Fröbels Beschreibung als „seltsamen Freiertum" wohl? Sein Freiertum ist weniger „seltsam" als in den konkreten Begegnungen geprägt von Hilflosigkeit und Schüchternheit. Nur in seinen nachfolgenden Umdeutungen der realen Erfahrung von erotischer Spannung, Verlust und Trauer zeigt er kaum Zurückhaltung. Im zügigen Welterklären für sich und seiner Situationen entwickelt er verbale Tatkraft und erkennt in den Entsagungen gleichzeitig seine priesterliche Weihe für höhere Aufgaben. Fröbel muss einige interpretative Kraft aufwenden, um sich nicht als Verlierer zu empfinden.

2.2 Die Fröbel- Schülerinnen

Der Briefwechsel Fröbels mit seinen späteren Schülerinnen ist sehr umfangreich. Im Nachlass befinden sich mehr als 1000 Briefe von etwa 200 Frauen. Nur ein geringer Teil ist bisher veröffentlicht. Fröbel hat den Briefwechsel sorgsam gesammelt und Brieflisten angelegt, die mit dem Vermerk „beantwortet" versehen sind.

Für Denner ist dieser Briefwechsel

> „... der Ausdruck der Zuwendung und Bildung. Schülerinnen, die von Fröbel keine Briefe erhielten, mahnten diese an." [39]

Doch es wird nicht nur um emotionale Zuwendung bei dem Briefverkehr gegangen sein. Fröbel erhält durch die brieflichen Berichte einen Überblick auf die Entwicklung seiner Kindergartenidee und deren Akzeptanz in der Öffentlichkeit. Gleichfalls haben die Schülerinnen auch Werbung für Fröbels Ausbildungskurse zu machen. Inhaltlich erfüllt der Briefwechsel die Aufgabe der weiteren pädago-

---

[38] Halfter, F. (1931): S.419f
[39] Denner, E. (1998): S.158

gischen Beratung und Information. Dabei geht es um die richtige Handhabung der Spielgaben. Dennoch – selbst eine Schülerin aus dem inneren Kreis der Pädagogenschar, die Tochter Middendorff, Alwina, zeigt eine besondere Unsicherheit im „richtigen" Umgang mit diesen Spielgaben und bittet um brieflichen Rat. Für Denner liegt es nahe, dass es weniger an den Schülerinnen als an Fröbel liegt, wenn er nicht einmal Alwina seinen Begründungszusammenhang hat verständlich machen können.

Wenn in diesem einen Fall eher fachliche Aspekte als Thema vorliegen, stehen bei allen anderen im Mittelpunkt eher Aufmunterungs- und tröstende Ansprachen vonseiten Fröbels. Denn viele seiner Schülerinnen sind unsicher und suchen neben fachlichen Auskünften auch väterlichen Rat und Hilfestellung bei ihm. Die jungen Kindergärtnerinnen sind nicht nur in der historisch neuen Situation als Frauen Geld zu verdienen, sondern dafür haben sie oftmals ihre vertraute heimatliche Umgebung verlassen. Gleichfalls fordern seine Schülerinnen auch kritische Bemerkungen, andererseits reagieren sie empfindlich und verstehen seine Kritik als „Entzug der Fröbelschen Zuwendung" (Denner).

Von Conradine Lück liegt eine Sammlung von Fröbelbriefen vor, die die Korrespondenz Fröbels mit Friederike Schmidt, seiner „Muhme" (eine Schwester seiner verstorbenen Mutter) enthält sowie einige Briefe von Friederike Schmidt an Fröbel.

Der Briefwechsel mit Friederike Schmidt[40]

Diese Korrespondenz ist von den ersten Jahren des Kindergartens (1840-1843) bis kurz vor dem Lebensende Fröbel geführt worden. Für den verwitweten Fröbel ist Friederike Schmidt in dieser Zeit zu einer zentralen Briefpartnerin geworden. Sie erhält von ihm die „Spielgaben" und einige aktuelle Texte mit der Bitte, Friederike solle diese vielfachen Spielmöglichkeiten mit ihren eigenen Kindern erproben. Er erwartet im Gegenzug Bestätigungen oder Verbesserungsvorschläge für Spielhandlungen und Bauformen, überhaupt Rückmeldungen, Erfahrungsberichte über die Spielpraxis mit seinen Materialien, Reimen und Liedern. Obwohl diese Bitten um einen fachlichen Austausch, den Eindruck einer Arbeitsbeziehung bei dem Leser hervorruft, bewertet Heiland diese Beziehung anders:

„Letztlich sieht Fröbel in Friederike Schmidt in gewisser Weise das Ideal der mütterlichen Frau, der Frau mit ‚bewußter Mütterlichkeit'. Möglicherweise verkörpert sie für ihn auch die Summe seiner vielfachen Zuneigungen zum weiblichen Geschlecht, die, von der Sehnsucht, der Suche nach der früh verstorbenen Mutter be-

---

[40] Heiland, H. (1998): S.228f

stimmt, von Caroline v. Holzhausen über Wilhelmine bis zu Emilie Barop, Elise Schaffner und Luise Levin reichen."[41]

Das schmale Bändchen mit den Briefen gibt nirgends soviel her, dass man den zweiten Gedanken Heilands auch nur in Ansätzen nachvollziehen kann. Weder ist Friederike Schmidt damals eine junge Frau gewesen, noch lassen sich in den Texten irgendwelche erkennbar auslegungsfähige Passagen festhalten. Das einzige, was hier interessant wird, ist das gemeinsame Interpretationsmuster der Biografen. Sind die Frauen jung, spielen erotische Momente in der Beziehung eine Rolle, sind sie älter, soll Fröbel die mütterlichen Dimensionen ihres Wesens für sich entdeckt haben. Das Problem für die Interpretationen erscheint mir, die Beweisführung dieser Annahmen zu sein. Einen mütterlichen Ton lassen sich nicht aus den Briefen der „Muhme Schmidt" herauslesen. So scheinen diese „Klassifizierungen" stets etwas mit den männlichen Interpretationsbedürfnissen der Biografen selbst zu tun haben.

Wie intensiv nun auch immer diese Beziehung persönlich gefärbt sein mag – Friederike Schmidt ist jedenfalls für Fröbel nach dem Tode Wilhelmine Fröbels im Mai 1839 und dem Ausscheiden des Gründungsmitgliedes Langethal aus dem engeren Fröbelkreis, nach 1840, eine ihm wohlgesonnene Gesprächspartnerin für längere Zeit – mehr nicht.

Leider bleiben die in der Korrespondenz behandelten Hinweise wie biografische Zusammenhänge, autobiografische Äußerungen Fröbels, Andeutungen auf seine existenzielle Situation, seinen in dieser Zeit gehäuft auftretenden Pessimismus, seine Reiseberichte auf einer eher oberflächlichen Ebene.

Ida SEELE

In Ida Seele sieht Fröbel die Frau, die seine Meisterschülerin werden soll, und die er gern als Universalerbin seines Werkes einsetzen will. Erika Denner berichtet:

> „Fröbel sah in ihr das Ideal einer Kindergärtnerin auch im äußeren Erscheinungsbild, sie war blond und schlank und hatte feingliedrige Hände, eine wichtige Voraussetzung für die Darstellung der Fingerspiele und sie hatte eine gute Singstimme."[42]

In seinen Briefen verwendet Fröbel häufig die Anrede „töchterliche Freundin", und er unterzeichnet gerne mit „väterlicher Freund". Allerdings folgt Seele schon bei der formalen Abfassung ihrer Briefe nicht dem Stil Fröbels, denn sie bleibt bei dem distanzierten „Sehr geehrter Herr Fröbel".

Auch Denner folgt den männlichen Biografen mit ihrer Vermutung, die Beziehung sei vonseiten Fröbels auch mit erotischer Spannung aufgeladen. Aber

---

[41] Heiland, H. (1998): ebenda
[42] Denner, E. (1998): S.162

vielleicht überinterpretiert hier Denner eine Bemerkung Leonhardis, der an Fröbel schreibt: Der ganze Darmstädter Vorstand des Kindergartenvereins sei in Ida Seele verliebt.[43]
Dennoch übt der alte Pädagoge einen großen Einfluss auf sie aus. Aus ihren Briefwechseln ist zu entnehmen, dass Fröbel sie nötigen kann, ihren geliebten Arbeitsplatz, Leiterin des Kindergartens in Blankenburg, aufzugeben und nach Darmstadt zu übersiedeln. Dort soll sie die Fölsingsche Kleinkinderanstalt zu einer Fröbelschen Musteranstalt umwandeln. Selbst Fröbel versucht 1847 durch seinen Aufenthalt dort, seine Ideen durchzusetzen. Doch sein Konkurrent in Sachen Kindererziehungsanstalt, Fölsing, widersetzt sich nicht nur erfolgreich, sondern er wird letztlich zu einem Gegner der Fröbelschen Ideen. Seele wird in dem Konflikt Fröbel-Fölsing sowie durch die sehr große Kinderanzahl (über 100 Kinder), enorm gefordert. Im Vergleich zu den von Fröbel betreuten Kindern, eine beträchtliche Schar. Dennoch verlangt Fröbel von ihr, sie solle in der Öffentlichkeit seine Ideen offensiv vertreten, was ihr wohl zu viele Präsentationsaufgaben in der Öffentlichkeit abverlangt.

Nach einem Jahr schreibt sie:

„In diesem Jahr habe ich viel, sehr viel gelitten und gekämpft..."

und nach drei Jahren:

„Ich habe hier in Darmstadt meinen Seelenfrieden, mein kindliches frohes Herz verloren. Möchte doch Gott der Barmherzige aus Gnade diese zwei höchsten Güter des Lebens, die ich einst besaß, wiedergeben."[44]

Es überrascht nicht, dass Seele letztlich Fröbel die Schuld für ihr Unglück zuweist. Ihren von Fröbel durchgesetzten Arbeitsplatzwechsel hat sie ihm wohl auch nie verziehen.

Gleichwohl ist auch Fröbel von seiner erhofften Meisterschülerin schwer enttäuscht. Dennoch will er mit ihr einen neuen Versuch starten und fordert sie auf, für ihn in Hamburg einen Kindergarten zu übernehmen. Vergebens. Nach einigem Hin-und-her lehnt sie Fröbels Aufforderung grundsätzlich ab. Sie bleibt 14 Jahre in Darmstadt. Trotz ihrer Distanz zu ihrem Lehrmeister, für alle anderen bleibt sie die „Fröbel-Ida".

---

[43] Ureña, Enrique M. (2001): S. 327
[44] Ida Seele zitiert nach Denner, E. (1998): S.162, Fußnote 13

Julie TRABERTH[45]

Julie kommt aus einer armen Familie und kann aus finanziellen Gründen keine Ausbildung absolvieren und damit keinen Beruf erlernen. Neben der Versorgung und Pflege der Mutter arbeitet sie wie viele andere junge Mädchen in mehreren Familien als Haushaltshilfe und Kindermädchen. Als am 16. Februar 1847 in Eisenach ein Kindergarten gegründet wird, wird der inzwischen 30-jährigen, trotz fehlender Ausbildung, die Leitung der Einrichtung übertragen. Am 25. August 1847 macht Julie Traberth die Bekanntschaft Friedrich Fröbels, der an diesem Tage in Eisenach einen Werbevortrag hält und seine Spiel- und Beschäftigungsmittel ausstellt. Bei dieser Gelegenheit führt sie Friedrich Fröbel den Eisenacher Kindergarten vor. Der Pädagoge ist von der erzieherischen Begabung Julie Traberths und ihrem Kindergarten begeistert. Dabei ist er besonders von ihrer „Erzählkunst" angetan.

Bei der ersten Begegnung zwischen Julie Traberth und Friedrich Fröbel entwickelt sich

„... eine innige Beziehung, die bis zum Tode des Pädagogen anhielt, die aber wohl mehr eine Vater-Tochter-Beziehung war".

Allzu bald wird gemunkelt, der ‚Meister' habe die Eisenacher Kindergärtnerin als Braut auserkoren[46] Wer munkelt hier: Die historischen Zeitgenossen oder die Biografen?

Fröbel hat bei ihr Eindruck hinterlassen: als Person oder mit seiner Sicht einer Kleinkinderziehung oder mit seinen Begründungszusammenhängen. Auf alle Fälle erhält sie mit seinen Erklärungen nun ein begriffliches Rüstzeug, das es ihr erlaubt, ihre Ausbildungskompetenz öffentlich wirksam weiter fachlich abzusichern. Der Umgang mit den Spielgaben als „pädagogischen Handwerksinstrumenten", kann gleichfalls als Ausdruck fachlicher Kompetenz ihren Arbeitgebern gegenüber dienen. Folgerichtig gehört sie später zu dem „Eisenacher Triumvirat von Fröbelepigoninnen", neben Eleonore Heerwart und Auguste Möder, die weit über Eisenach und Thüringen hinaus für eine Kleinkindererziehung wirken.

Amalie KRÜGER

Das Mädchen wächst im Kreis von sechs Geschwistern in gut situierten Verhältnissen auf. Doch im Jahre 1844 geht die väterliche Zuckerfabrik in Konkurs und kurze Zeit darauf stirbt der Vater. Amalie Krüger ist zu dieser Zeit knapp 30

---

[45] Berger, M. (o.J.): Frauen in der Geschichte des Kindergartens: Julie Traberth. Vgl.: http://www.kindergartenpaedagogik.de/551.html. Stand: 01.09.2010
[46] Borgwardt, M. (2000): S.35

Jahre alt. Finanziell nicht abgesichert beschließt Amalie in dieser Situation, Kindergärtnerin zu werden. Eine der wenigen schicklichen Tätigkeiten ist der Beruf der Kleinkindererzieherin.[47]

In Keilhau absolviert sie einen Ausbildungskurs für Kindergärtnerinnen. Anschließend unterstützt sie Fröbel in seiner Werbetätigkeit für den Kindergarten und betätigt sich als Kindergärtnerin in einem Kindergarten in Gotha. Ab Oktober 1848 nimmt sie an dem Ausbildungskurs in Dresden teil.

Doch frühzeitig bricht Amalie Krüger den Ausbildungskurs ab und geht nach Hamburg. Warum? Was ist da los in Dresden? Die Hansestadt Hamburg ist zu dieser Zeit ein Zentrum der Fröbelbewegung. Geht es ihr nur darum, dort alleine einen Kindergarten zu führen? Trotz ihrer Erfolge verlässt Amalie Krüger im April 1849 wieder Hamburg, da sie insbesondere mit dem Eigentümer der Ausbildungsstätte, Wilhelm Beit, immer wieder Schwierigkeiten hat, nicht nur in pädagogischen Fragen. Ein Hinweis von Fröbel lässt die Annahme zu, dass auch sie eine junge Frau ist, die durch innere Kämpfe belastet ist.[48]

Danach arbeitet sie kurzzeitig in Zürich, in dem von Karl und Johanna Fröbel betriebenen Kindergarten. Von dort aus unterstützt sie zusammen mit Karl und Johanna Fröbel, den Aufbau der Hamburger Frauenhochschule. Nach acht Monaten kehrt die Kindergärtnerin wieder nach Hamburg zurück. Sie wird bei der Hochschule für Frauen, die am 1. Januar 1850 ihren Unterricht aufnimmt, als Leiterin des Kindergartens angestellt. Zugleich wird sie nun selbst Ausbilderin für Kindergärtnerinnen.

Den ersten Aufruf zur Gründung der Hamburger Hochschule für Frauen hat Fröbel mit unterzeichnet. Er wehrt sich aber heftig dagegen, seine eigenen Bestrebungen mit denen von Karl Fröbel, der dort inzwischen als Rektor arbeitet, wie überhaupt mit irgendwelchen anderen politischen Unternehmungen verquickt zu sehen. Bald distanziert sich Friedrich Fröbel von der Arbeit der Hochschule. Er befürchtet, dass durch eine inhaltliche Erweiterung des Lernstoffes der mütterliche Instinkt, das Ursprüngliche und Natürliche der Frauennatur vernichtet, jedenfalls beeinträchtigt und abgelenkt werden könne. Fröbel berichtet über diese Zeit:

„Ich hatte aber in der letzten Zeit durch das Hineingezogenwerden in das Unternehmen Hochschule und durch die daraus hervorgegangenen hiesige Frauenspaltung so

---

[47] Münchow, K. (2000): S.108 ff
[48] „Denn noch nie ist mir eine Person vorgekommen, [...] welche so durch das Leben und dessen Einwirkungen so in sich rein zerfallen ist, und allen Glauben an sich, an Andere, ich möchte sagen an Menschheit und selbst an Gott verloren hat, wie diese A. K." Fröbel in einen Brief an Luise Levin. Vgl.: www.bbf.dipf.de/editionen/froebel/fb1849-01-03-01.html. Stand: 30.01.2008.

viel Unangenehmes hier durchzumachen, daß ich auf das tiefste dadurch in meinem Innersten gestört worden bin".[49]

Die Frauenhochschule betreffend, gerät Amalie Krüger schon im Vorfeld der Planungen nun mit Friedrich Fröbel in Konflikt, weil sie sich dem freizügigen Hamburger Projekt verbunden fühlt. Für Fröbel ist dies ein Affront, denn diese Hochschule für Frauen ist für ihn letztlich nicht nur ein Konkurrenzprojekt, sondern die offenen Lebensweisen von den dort beschäftigten Männern und Frauen lehnt er entschieden ab. Obwohl Krüger versucht, Fröbel für eine Zusammenarbeit mit der Hamburger Hochschule und seinem Neffen Karl zu bewegen, bleibt Fröbel unnachgiebig. Verbittert und enttäuscht entzieht er sogar seiner ehemaligen Schülerin seine Zuneigung.

Die erste Hochschule für Frauen kann ihren Betrieb nicht lange aufrechterhalten. Sie wird bereits am 1. April 1852 Opfer der stärker einsetzenden Reaktion und muss geschlossen werden. Die Hochschule wird 1852 auf Betreiben von empörten Pietisten geschlossen, was auch damit zu tun hat, dass sie von Mitgliedern der liberalen Deutschen-Katholiken Bewegung unterhalten wird, die Johannes Ronge (1813-1887) 1845 als „romfreie Kirche" gründete. Dadurch bleiben die dringend nötigen finanziellen Zuwendungen zum Erhalt der Frauenhochschule aus.[50]

Der Lehrkörper besteht größtenteils aus Exilanten der verschiedenen Revolutionen des Jahres 1848.[51] Man kann nicht ausschließen, dass hier die bürgerliche Revolution zumindest in den Köpfen und Leibern der Männer und Frauen mit den heftigen Empfindungen nach Gleichberechtigung und Freiheit – wenigstens in den Liebesbeziehungen – ihre Nachwehen finden.

Auch Fröbels Neffe Karl geht nun diese Unabhängigkeitsbestrebungen der Frauen viel zu weit:

„... in diesem revolutionären Streben nach weiblicher Selbständigkeit sehe ich den Untergang'"[52]

Traditionelle Konventionen werden in der Hamburger Frauenhochschule eine Zeit lang ignoriert. Die Liebesheirat erfährt hier ihre dramatische Verwirklichung, z.B. in der Beziehung zwischen der verheirateten Berta Traun und dem rom-abtrünnigen Priester Ronge.[53] Das Verhalten der „sittenlosen Berta Traun"

---

[49] Denner, E. (1998): S.165
[50] Kleinau, E. (1996): S.81
[51] Oelkers, J. (2005): S.53
[52] Fröbel, F.: Brief vom 18. Januar 1851 an den Frauenrat. In: Grolle, I. (1998): S.28
[53] Bertha Traun flieht mit ihrem Geliebten über Holland nach London. Dort heiraten die beiden am 5. August 1851. Sie hilft ihm bei der Gründung von freireligiösen Gemeinden, er unterstützt sie in ihrem Einsatz für die Idee des Kindergartens und der Fröbelpädagogik. Auf Einladung von Bertha Ronge hält im Jahre 1854 die Baronin Bertha von

sorgt seinerzeit für Furore und so ist es nicht verwunderlich, dass sich zunehmend die „anständigen" Hamburger Familien von der Hochschule zurückziehen. Von den Beziehungsentscheidungen dieses Liebespaares aufgewühlt, planen weitere Frauen sich scheiden zu lassen. Das antibürgerliche, wilde Beziehungsleben von Ronge und Traun und anderen beeinflusst nicht nur die gesamte Hochschule, sondern lässt auch Fröbel nicht unberührt. Es sind nicht so sehr die weltanschaulichen, die politischen Differenzen, sondern die Liebeshändel, die ihn massiv stören. Obwohl er nur als externer Mitarbeiter beteiligt ist, ergreifen ihn die Diskussionen um Lebens- und Liebesweisen heftig.

Es haben sich nur zwei „Schülerinnen" von der großen Menge unsicherer Fröbel-Schülerinnen abgehoben, die zwei sehr selbstbewussten Frauen: Henriette Schrader-Breymann und Berta Marenholtz-Bülow. So ist es kein Wunder, dass Fröbel ihnen gegenüber besonders kritisch distanziert bleibt.

Berta von MARENHOLTZ-BÜLOW:

Fröbel äußert sich in einem Brief an Luise Levin über sie:

„Die Marenholtz ist mit all ihren Gärtnerinnen doch eine Verführerin, aus ihren Bestrebungen ist nicht ein einziger Kindergarten hervorgegangen, wohl aber viel leere Worte hervorgegangen"[54]

Bertha wird am 5. März 1810 als fünftes von zwölf Kindern des Freiherrn Georg von Bülow-Wendhausen und seiner Gattin Henriette von Wartensleben (eine geschiedene Gräfin), in Braunschweig geboren. Bertha entstammt einem der ältesten hochadeligen mecklenburgischen Geschlechter.[55] Ihre ersten Kinderjahre verlebt sie auf dem elterlichen Rittergut Küblingen bei Wolfenbüttel. 1815 übersiedelte die Familie nach Braunschweig. Bertha muss sich schon sehr früh um die Erziehung der jüngeren Geschwister kümmern. Sie liest sehr viel und entzieht sich gern den lärmenden Spielen ihrer Geschwister. Obwohl eine gefeierte Schönheit und deshalb auch in den Gesellschaftskreisen bevorzugt und viel umschwärmt, nimmt sie nur ungern an gesellschaftlichen Ereignissen teil, die ihr den standesgemäßen Bräutigam zuführen sollen. Mit 20 Jahren heiratet Bertha von Bülow-Wendhausen den 21 Jahre älteren Freiherrn Wilhelm von Maren-

---

Marenholtz-Bülow im Londoner Hause der Familie Ronge mehrere Vorträge über die seit August 1851 in Deutschland verbotenen Kindergärten und die Pädagogik des Kindergartenbegründers. Die adelige Frau erhofft sich gerade in der Emigrantenszene ein starkes Interesse.

[54] www.bbf.dipf.de/editionen/froebel/fb1850-03-13-01.html. Stand: 30. Januar 2008

[55] Vgl.: Berger, M.: Frauen in der Geschichte des Kindergartens: Bertha von Marenholtz-Bülow. In: Textor, Martin R. (Hrsg.): Kindergartenpädagogik. Online-Handbuch. www.kindergartenpaedagogik.de/152.html. Stand: 1.Sept. 2010

holtz (für ihn ist es die dritte Ehe), der fünf Kinder im Alter von 2 bis 10 Jahren mit in die Ehe brachte. Ihr einziger Sohn, der ein Jahr nach der Heirat geboren wurde (1831) stirbt an Tuberkulose. Im Jahr 1847 trennt sich die Baronin von ihrem Mann, ohne sich jemals formell scheiden zu lassen.

1849 lernt die Aristokratin Friedrich Fröbel bei einem Kuraufenthalt in Bad Liebenstein kennen, als dieser gerade mit den Dorfkindern spielt und tanzt. Diese ungewöhnliche Art der Beschäftigung mit Kleinkindern trägt ihm die Bezeichnung des „alten Narren" ein. Aber Marenholtz-Bülow ist von Fröbel und seinen Kinderspielen sehr angetan.

Ein anderer Pädagoge aus dieser Zeit, Steinacker, urteilt über diese Frau:

> „... diese gesamte Wirksamkeit der hochbegabten und energischen Frau wurde durch zwei Schattenseiten gehemmt, gelähmt und beeinträchtigt; nämlich durch ihre - sagen wir es offen - zur Herrschsucht und Unverträglichkeit neigende Individualität, die keine selbständige Meinung, kein fremdes Verdienst neben sich duldete und aufkommen ließ, so sehr sie dies in Abrede zu stellen sucht'" [56]

Fröbel findet zu dieser Frau, die ihm doch irgendwie ähnlich ist, nie einen wirklichen Draht. Das kühle wechselseitige Interesse ist von beiden Seiten aus immer ein sachlich begründetes. Beide finden sich als Personen nicht attraktiv. Und für Fröbel bleibt diese selbständige und zielstrebige Dame uninteressant, weil sie sich ihm gegenüber nie als Schülerin, sondern als selbstbewusste Förderin mit glänzenden Kontakten zum Adel und zur Verwaltung darstellen kann.

Henriette BREYMANN (Schrader-Breymann)

Henriettes Mutter sind Fröbels Ideen und sein Wirken aus regelmäßigen Briefkontakten bekannt. Henriettes 13jährige Schwester Marie soll dort eine Ausbildung zur Kindergärtnerin absolvieren. Henriette soll sie als Ältere begleiten. So fahren die beiden Schwestern im Mai 1848 los.

Henriette ist schon lange dauerhaft körperlich kränklich und bereits in jungen Jahren fühlt sie sich psychisch angegriffen.

> „Als ich nach Keilhau ging, wohl schon früher, waren die Genüsse, die ich suchte, höherer, feinerer Art, aber das bleibt sich gleich: Ich war genusssüchtig, ich mochte mir nichts versagen, obgleich ich andern ein Kummer war und niemandem etwas nützte. Ich fühlte schmerzlich die Kluft zwischen meinem schönen Schwärmen und jämmerlichen Tun; ich sehnte mich nach dem Tode, weil von früher Jugend an ein tiefer, dunkler Drang nach Harmonie in mir lag. Das wurde anders, als ich nach Fröbel kam."

---

[56] Steinacker zitiert nach (Rockstein [1996], S. 41). Bertha von Marenholtz-Bülow - Repräsentantin der Fröbelbewegung in der zweiten Hälfte des 19. Jahrhunderts. In: Zeitschrift für Bildung- und Wissenschaftsgeschichte 1996/H.1

Eine große Veränderung tritt bei Henriette ein, als sie sich in Keilhau einlebt. Nach der konservativen und christlich-orthodoxen Atmosphäre ihres Elternhauses lernt sie nun eine offenere Lebensweise kennen. In dieser Umgebung blüht die intellektuelle interessierte Henriette auf. Hier kann sie – was nicht nur ihr wichtig ist – ungezwungen Kontakt mit anderen Männern aufnehmen, sie fühlt sich von ihnen anerkannt. Sie kann ungewohnt frei leben, denn in dieser Umgebung herrscht eine Art neuer Freizügigkeit mit vielen Diskussionen und geselligem Beisammensein. Henriette erlebt hier einen „geistigen Klimawechsel", der für sie befreiend ist. Zwei bisher nicht wirklich wahrgenommene Menschengruppen: Kinder (nicht Geschwister) und Frauen treten damit in den Mittelpunkt ihres neuen Lebens und Denkens.

Besonders Middendorff gelingt es, Henriette herzlich anzunehmen. Durch diese wertschätzende Herangehensweise kann Henriette ihre seelischen Nöte und Todessehnsüchte offenbaren. Allmählich begeistert sie sich für Fröbel und seine Ideen, erlebt sich von ihm als Erwählte und Gesandte hervorgehoben und erhält damit die wohlwollende Aufmerksamkeit, die sie braucht.

Sie nimmt im August 1848 an der Lehrerversammlung in Rudolstadt als engagierte Fröbelschülerin teil. Anschließend zieht sie mit Fröbel nach Dresden, um dort an einem Ausbildungskurs zur Erzieherin teilzunehmen.

Die Unruhe des fast 70jährigen Fröbels, der seine Zukunftspläne immer wieder verändert, spiegelt sich auch in Henriettes Leben wieder. Fröbel geht schließlich nach langem Hin-und Her nach Bad Liebenstein und Henriette folgt ihm jedes Mal (nicht nur sie).

Von Mai 1849 bis September 1849 führt sie dem fast siebzigjährigen Fröbel, der kurz vor seiner Verheiratung mit Luise Levin steht, noch den Haushalt.

Trotz aller Begeisterung füreinander kommt es in Bad Liebenstein zu einer Auseinandersetzung zwischen Henriette und Fröbel, der ihr vorschreiben will, wo sie ihre Ferien verbringen dürfe (solle). Sie möchte nach Keilhau und Fröbel fürchtet die dortigen Einflüsse (von einem Mann?) auf Henriette. Sie schreibt an ihre Eltern:

> „Er hat Angst, dass mich jemand von seiner Sache abziehen könnte ..."

Durch diese Auseinandersetzung kommt es zum Bruch zwischen den beiden. Tatsächlich verliert er sie an einen anderen jungen Mann, an den dänischen Lehrer Marius Bendsen. Der interessiert sich inzwischen vehement für Henriette und sie sich für ihn.

Es ist einerseits zu vermuten, dass sich die Ablösung Henriettes von Fröbel schon länger angebahnt hat und ihre Distanzierung zu Fröbel latent vorhanden war. Denn im Januar 1849 schreibt Henriette an ihre Mutter über ihr Verhältnis zu Fröbel, dass dies zwar ein wunderbares Verhältnis der geistigen Verwandtschaft sei, dem aber kein „Gefühl der Liebe beigestellt" sei.

Es ist allerdings nicht überraschend, dass sich bei ihr kein Liebesgefühl eingestellt hat. Warum auch sollte eine solche Empfindung eine 21jährige jugendfrische Frau einem 70 Jährigen gegenüber hegen? Zumal sie derzeit eine konkrete junge männliche Alternative für solche aufwirbelnden Gefühle kannte. So konnte sie mit Berechtigung schreiben:

> „Sein (Fröbels, D.K.) Geist ist gleichsam das Licht des meinen, hingegen seine Persönlichkeit stößt mich oft ab oder berührt mich unangenehm."

Ein Hintergrund für ihre zunehmende Distanz ist auch Fröbels herrische Art selbst seinen Freunden und vertrauten Mitstreitern gegenüber. Dagegen entdeckt sie in Middendorff einen ungleich herzlicheren und überzeugenderen Pädagogen. Der andere Grund bildet ihr nicht nur akademisches Interesse an den jungen Dänen.

Ende 1849 kehrt Henriette in ihr Elternhaus zurück und der junge Däne zieht zeitweise mit bei ihren Eltern ein. Dennoch – der Idee einer institutionalisierten Ausbildung von Kindergärtnerinnen bleibt sie ein Leben lang leidenschaftlich verbunden.

Fröbel nimmt ihr den Ausstieg dauerhaft übel. Wieder verliert er eine Bewunderin, eine junge Frau, an einen anderen Mann. Zorn und Flucht stellen sich bei Fröbel fast gleichzeitig ein, denn er ist schwer gekränkt, will von Henriette nichts mehr wissen und reist – mit großen Hoffnungen auf neue Begegnungen - ab nach Hamburg.

Die Frage stellt sich, ob Fröbel leicht zu jungen Frauen Kontakt erstellen konnte, die unsicher waren, die in einer Lebenskrise stehen und seine Art sie anzusprechen als unglaublich hilfreich erleben.

Entsprechend interpretieren diese Frauen und Mädchen seine Unverständlichkeit als ihre Unfähigkeit, ihn, den Meister, zu begreifen. In der Konsequenz liegt es dann nahe, dass sie ihn später als seine Schülerinnen und Verkünderinnen seiner Pädagogik enttäuschen müssen. Denn auch sie verstehen nicht so richtig, worum es in seinen pädagogischen Ideen geht.

Marenholtz-Bülow bemerkt kritisch:

> „... seine gläubig hinnehmenden jungen Schülerinnen boten ihm Gelegenheit zur Darlegung seiner Methode, ohne dem, auf unvollständiger Kenntniß der Sache beruhenden Widerspruch zu begegnen."[57]

Es bleibt dabei wichtig darauf hinzuweisen, bei vielen Frau ist bereits die Bereitschaft da, sich für neuartige Ideen zur praktischen sozialen Tätigkeit zu begeistern. Diese sinnstiftende Perspektive, die zu Fröbels Zeiten eine der ganz

---

[57] Marenholtz-Bülow, B. (1878): S.12

wenigen ist, bildet mindestens für die Frauen eine Basis, um sich für eine pädagogische Tätigkeit überzeugen zu lassen. In vielen Fällen geht es darum, sich eine eigene ökonomische Lebensgrundlage zu erarbeiten. Gleichzeitig stecken etliche Frauen nicht nur in einer ökonomisch schwierigen Situation, sondern versuchen sich aus einer existenziellen persönlichen Krise zu lösen. Hierfür bieten Fröbels Ideen, eine neuartige Praxis für ein eigenes tatkräftiges Leben an.

Dieses gemeinsame Bedürfnis nach Überwindung einer persönlichen Krise bei den Schülerinnen fällt Marenholtz-Bülow auf.

„Zahlreiche Briefe der früheren Fröbelschen Schülerinnen lieferten den Beweis [...] wie manche geknickte Existenz sich an diesem Beruf, im Verkehr mit der unschuldigen fröhlichen Kinderschar wieder aufgerichtet hatte, wieder heiter in ihr Dasein schauen und hoffend wieder in die Zukunft blicken konnte."[58]

Im Kreise der Keilhauer Pädagogen (besonders gelobt wird immer wieder Middendorff) und mithilfe der Fröbelschen Ideen und seiner Anerkennung von Frauen und Mütter als spätere Erzieherinnen, gewinnen sie innere Stabilität und Zuversicht für die Gestaltung ihres weiteren Lebens[59] – und emanzipieren sich von der ausschließlichen Orientierung an Fröbel: Diese Selbständigkeit erträgt er nicht, und er bricht zutiefst enttäuscht dauerhaft den Kontakt zu ihnen ab.

Im Übrigen erlangt das pädagogische Tal eine emanzipatorische Dynamik in den Begegnungsmöglichkeiten junger Menschen. Keilhau sprengt die Enge provinzieller Kontaktmöglichkeiten und gerät nebenbei zum interessanten Eheanbahnungsort: Wer lernt nicht alles dort den Mann/die Frau für das Leben kennen!

2.3 Die Ehefrau Wilhelmine

Fröbel ist mit seiner Schwägerin (die Ehefrau seines früh verstorbenen Bruders) und ihren Söhnen nach dem Tod seines ältesten Bruders Christoph (dieser arbeitete als Pfarrer im Lazarett und infizierte sich dort mit Typhus) zusammengezogen. Die Witwe hat vermutlich erwartet, dass der junge Schwager sie heiraten würde. Jedoch zeigt Fröbel nie die Absicht, sich an sie zu binden. Er will wohl gerne ihre beiden Jungen erziehen. Ihr hat er nur die Rolle der emsigen Hausmutter zugedacht. Im Jahr 1816 eröffnet er mit den drei Kindern in Griesheim die „Allgemeine deutsche Erziehungsanstalt" und verlegt sie ein Jahr später

---

[58] Marenholtz-Bülow, B. (1878): S.116
[59] Dieser wohltuende Einfluß auf Besucher ist etlichen Gästen aufgefallen. Auch der interlektuelle Förderer der fröbelschen Kleinkindererziehung, Hermann von Leonhardi; zog sich dort für einige Monate zurück, um eine „Gemütsbadekur" zu machen. Und die könne nur im fröbelschen Kreis stattfinden. Ureña, E.M. (2001): S.297

nach Keilhau bei Rudolstadt. Das gemeinsam bewirtschaftete Gut Keilhau ist jedoch von ihrem Geld erworben worden. Ihre Söhne vertraut sie ihm an – ihr Geld aber nicht.

Fröbels Ressentiments ihr gegenüber sind deutlich: Seine Schwägerin ist nicht nur eine Frau, die sich der bloßen Hausmutterrolle entzieht. Sondern er muss sich mit einer selbstbewussten Predigerwitwe auseinandersetzen, die zudem als Tochter aus einem Predigerhaushalt kommt. Zuhören ist nur eine Tugend von ihr. Mitreden ist ihr wohl eine Selbstverständlichkeit.

> „... sie ist eine zwar sehr verständige und wortkluge, aber keine häusliche, gemüthliche, wie soll ich es besser sagen als keine weibliche, oder vielleicht besser hausmütterliche Hausfrau. Da ich nun Verstandeseinsicht, so wie Wortklugheit, ohne einbeyden, wenigstens dem Streben nach, möglichst entsprechendes Leben, That- und Thun und Wirken, besonders bey den Hausfrauen hasse, so steht mir meine Schwägerin, da ich mich besonders, jener Nichtsschaffenden, Nichtswirkenden, wohl aber verderbenden thatenleeren Verständigkeit, überall wo sie mir entgegen tritt und wo ich ein Recht dazu habe, stark, ernst und auch wohl heftig entgegen stemme, so steht meinem Hauswesen besonders seit langer Zeit meine Schwägerin ganz fern ..."[60]

Aber bald um ihre Ehe-Hoffnungen beraubt und von Fröbels chaotischer Wirtschaftsführung entsetzt, boykottiert sie die ihr zugewiesene Frauen- und „Große-Mutter"-Rolle und trennt sich von Fröbel.[61] Ihren finanziellen Anteil am Eigentum (Rückzahlung der Haushypothek) will sie, unmissverständlich betonend, ausgezahlt bekommen.[62]

Fröbel ist nun genötigt, eine ökonomische Stütze als Ersatz für die Abtrünnige zu suchen. Allerdings will er jetzt aber auch eine ihm sich still fügende Hausmutter. Erst durch die tatkräftige Mithilfe seiner Kriegskameraden findet er eine andere Frau. Aus Erzählungen von Langethal und Middendorff haben Fröbel und die in Betracht kommende Dame wechselseitig schon voneinander gehört. Erst sehr viel später wird ihm klar, dass sie schon sehr viel früher einmal als heimliche Wohltäterin (nicht nur) für ihn tätig gewesen ist, sondern zuvor auch schon für Middendorff und Langethal. Ihr Motiv, warum sie für diese drei Männer bereit ist, Geld auszugeben, kann nicht geklärt werden. Aber beide Männer kennen sie schon länger als belesene und geistreiche Frau. Fröbel erinnert sich zum damaligen Zeitpunkt zudem an eine zurückliegende Begegnung

---

[60] www.bbf.dipf.de/editionen/froebel/fb1818-01-19-01.html. Stand: 30. Januar 2008.

[61] Hoffmann, E./Wächter, R. (1982b): S.160. Einige der wenigen kritischen Berichte über das Innenleben der Erziehungsfamilie stammen von seinen Neffen Julius Fröbel. Dieser betont dann auch, wie empört seine Mutter über Fröbels völlige wirtschaftliche Inkompetenz und Rechthaberei war.

[62] Bis kurz vor der Heirat Fröbels ist sie noch Besitzerin des Hofes gewesen. Vgl.: Hoffmann, E./ Wächter, R. (1986): S.416

mit ihr in Berlin, während seiner Assistentenzeit. Unbeeindruckt, dass diese Begegnung schon einige Jahre zurück liegt, entscheidet er sich nun, brieflich um sie zu werben.[63] Seinen ersten Brief hat Fröbel allerdings dermaßen unverständlich geschrieben, dass die erkorene Braut darin nicht einen Heiratsantrag erkennen vermochte.

Seine Motive beziehen sich also nicht vorrangig auf eine konkrete begehrenswerte Frau, sondern auf eine Frau, die ihm zuhört. Zudem ist er mit seinem Erziehungsprojekt in finanzieller Not. So sucht er eigentlich eine Frau mit Vermögen, eine Finanzgeberin, die die enttäuschte Witwe auszahlen kann und die einem pädagogischen Projekt grundsätzlich wohlwollend gegenüber steht. Entsprechend vermuten die Fröbel-Biografen, dass die Ehe mit Henriette Wilhelmine Hofmeister eine Zweckehe darstelle.[64] Zum einen benötigt er eine Geldgeberin[65] und zum anderen braucht Fröbel in dieser Zeit dringend eine „Mutter" — entsprechend seiner theoretischen Begründungen. Denn nach Fröbels eigenen Sphäregesetzen, sei eine „vollkommene" Ehe zur harmonischen Erziehung der Kinder in Keilhau, sei eine familiäre Atmosphäre, unabdingbar. Also insgesamt realisiert er eine Heiratsanstrengung, die in ihrer zeitgenössischen Motivlage durchaus normal ist. Geheiratet wird aus ökonomischen, religiösen Regeln, nach politischem Vorteil, eben nach den Bedingungen eines männlichen Geschäftes. Nur in den fernen literarischen Zirkeln der Berliner Salons werden große Gefühle einer romantischen Liebe ausgebreitet. Von solchen feinsinnigen Erörterungen eines schönen Beziehungswahns ist Fröbel weit entfernt. Was sieht er in seiner Berliner Braut?

> „Ich gebe meine Hand einer Verachteten, Gekränkten, Gemißbrauchten, um Sie und so ihr Geschlecht in Ihr zu rechtfertigen; um zu zeigen daß Sie ihr Wesen wirkl. gekränkt, verachtet, Gemißbraucht, kurz daß Sie verkannt wurde ...."[66]

Sieht er sich als Retter, Heiler, Erzieher? Nun wie beschreibt Fröbel – rückblickend – das Kennenlernen seiner ersten Ehefrau, Wilhelmine II, als er noch nicht ahnt, was sie ihm wohl sein könne?

Middendorff hat den jungen Assistenten Fröbel gebeten, für ein befreundetes Ehepaar, mit 36jähriger Tochter, eine fachkundige Führung im mineralogischen Museum in Berlin zu übernehmen. Die geschiedene Tochter bleibt mit dem redenden Fröbel in einer Nische vor Schränken, die angefüllt mit Knochen und Steinsammlungen sind, stehen. Fröbel erinnert sich in seinen späteren Brautbriefen:

---

[63] Lange, W. (1966): Bd.1.): S.147
[64] Heiland, H. (1982): S.68
[65] Heiland, H. (1982): S.68
[66] www.bbf.dipf.de/editionen/froebel/fb1818-02-20-02.html. Stand: 30. Januar 2008.

"... und DU, jetzt mein treues Weib, warst es, die mit ihm kam. Ihr hattet meine Steine lieb. Du vor allem zeigtest hohes Interesse an ihrem stillen, stummen Leben, welches ich Dir zu deuten mich bemühte. Wer meine Steine lieb hatte, ist mir wert, wer Interesse an ihrem klaren, sichern Leben mir zeigte, ist mir hochachtbar..."[67]

Und dann ereignet sich etwas, was dem aufgeregten Fröbel sehr wundersam vorkommt:

„Mein Auge ruhete in dem Deinen. Ich muss beim Beginne des Gespräches wie überhaupt in dieser Zeit sehr gemütserregt gewesen sein; denn ich bemerkte [...] wie mein Gemüt im Laufe des Gespräches und Ruhen in Deinen Augen [...] immer ruhiger und friedlicher, so ruhig und friedlich wurde, dass ich selbst über diese Erscheinung in mir, weil sie mir so ganz fremd und noch nie empfunden war, erstaunte."[68]

Später schreibt er:

„In Deinem Auge, Deinem Blick findet ich, sah ich im eigentlichsten Sinn - meine Seele [...] Ich kann Dir nicht mit Worten aussprechen, was Du mir gabst, als Du so ruhig Auge in Auge mich weilen ließest. Die reine Freude durchfloß mich, da Dein Blick ohne wanken des Jünglings reinen Blick ertragen (denn mein Geist hat dort noch nicht des Mannes Reife)."[69]

Treffend bemerkt Halfter:

„Ihm aber ist ‚ein neues Augenpaar am Himmel seiner Idealität aufgeleuchtet. Mehr bedeutete die flüchtige Begegnung dem Hagestolz von 1816 noch nicht."[70]

Überraschenderweise lässt sich die belesene und gebildete Berlinerin auf seine Werbung ein. Natürlich nicht gänzlich naiv. Mithilfe ihres strengen Vaters muss Fröbel der Berliner Familie detailliert seine ökonomische Situation darlegen. Der einjährige Briefwechsel (1817 – 1818), der 24 Briefe umfasst,

„... dokumentiert das Ringen Fröbels um die gebildete und begüterte Berliner Patriziertochter, sein therapeutisches Werben um die ehegeschädigte und kranke Frau und seine Liebe zu ihr ..."[71]

Schließlich willigt sie sogar in eine Ehe ein, obwohl ihr Vater letztlich vehement gegen diese Ehe mit dem „Taugenichts" ist. Im September 1818 wird im Berliner Haus der Eltern die Trauung — auf Wunsch Fröbels im kleinen Kreis — vollzogen. Nun doppelt gerüstet, finanziell abgesichert und theoretisch legitimiert, kann Fröbel seine Person und seine Stellung innerhalb des Projektes besser behaupten. Weniger häufig erfährt man, dass aufgrund einer unheilbaren Geschlechtserkrankung, Henriette Hoffmeister gesundheitlich dauerhaft ge-

---

[67] Gumlich, B. (1935): S.101
[68] Gumlich, B. (1935): S.102
[69] Heiland, H. (1982): S.68
[70] Halfter, F. (1931): S.479
[71] Heiland, H. (2005): S.150

schwächt ist, und sie selbst sicher ist, dass sie nicht mehr lange leben würde. Früh lässt sie durch ihren vertrauten Geistlichen, Pastor Wilmsen, Fröbel mitteilen, dass sie nach damaliger ärztlicher Kenntnis, kinderlos bleiben würde.[72] Gleichzeitig äußert sie die Hoffnung – im Gegensatz zur ärztlichen Einschätzung – sie könne im Kreise der dörflichen Keilhauer Gemeinschaft gesunden.[73]

Einige Eigenarten sind an dieser Beziehung letztlich auffällig: Erstens ändert diesmal eine Frau ihren Namen und nicht wieder Fröbel seinen. Gleichfalls vollzieht diese Frau einen radikalen Wandel in ihrem Leben. Ihre komplett neu konstruierte Identität, von großbürgerlich, großstädtischer geschiedener Frau, zu einer kleinbürgerlichen Ehefrau in der ländlichen Provinz, zeigt sich sehr konsequent. So verwandelt sich Frau Henriette Klöpper, geborene Hoffmeister, nicht nur in eine Frau Fröbel, sondern auch in eine Wilhelmine: Sie vollzieht einen radikalen Bruch mit ihrer Identität und macht sich derart unauffindbar für alte Gefährten aus ihrem abgeschlossenen Berliner Leben.

Was ist das für eine Frau, die bereit ist, sich als Person für Fröbel quasi umzumodellieren? Ist es eine bewusste Entscheidung sich einen Verwandlungsprozess zu unterwerfen? Ist es ein Zuviel an Spekulation über die Bedeutung des Namens Wilhelmine für Fröbel, dass seine Mutter als zweiten Vornamen Wilhelmine hatte. Spricht der Wechsel ihres Vornamens für ihre Feinfühligkeit dem „mutterlosen" Ehemann gegenüber oder ist sie ein „Opfer" aufdringlicher Fröbelscher Projektionswünsche.

Von Wilhelmine gibt es nur spärliche Zeugnisse, wie sie sich in ihrer Ehe mit Fröbel gesehen hat. Es dominiert angeblich eine Dankbarkeit, dass er sie von dem „Makel der geschiedenen Frau" befreit hat. Diese Interpretation stammt aus der Feder von einem Mann, Hanschmann, der Jahre später die erste Biografie über Fröbel anfertigt.

Dennoch trotz ihrer Anpassungsbereitschaft, ihres finanziellen Hintergrundes, ihre Position als Ehefrau von Fröbel ist nicht leicht zu bewältigen. Die empfindsame Konstruktion ihrer Ehebeziehung offenbart sich im Drama bei der Hochzeit von Emilie. Auch für Wilhelmine ist der Hochzeitstag von Emilie ein besonderer. Zum einen, weil auch sie zuvor Fröbels „Leidenschaft" für Emilie"

---

[72] Hoffmann, E./ Wächter, R. (1982b): S.161
[73] www.bbf.dipf.de/editionen/froebel/fb1831033001.html. Stand: 30. Januar 2008. Angeblich hat der abtrünnige Ehemann durch seine häufigen sexuellen Eskapaden sie mit seiner Gonorröh angesteckt. Da damals keine wirkungsvollen Medikamente zur Hand waren, muß man davon ausgehen, dass sie im weiteren Krankheitsverlauf unfruchtbar wird. Es wäre aus heutiger Sicht eine typische Reaktion auf eine nicht behandelte „obere" Gonorrhoe bei Frauen. Eine erfolgreiche Behandlung ist erst durch die Erfindung des Penicillin möglich geworden. Auch Hebenstreit kommt zu dieser Einschätzung. Hebenstreit (2003): S.32

mitbekommen hat. Und zum anderen, weil Emilie ihr Fröbels Brief zum Lesen gibt. Aber wie reagiert die verunsicherte Wilhelmine darauf:

> „... sie beschuldigte sich selbst, die offen zu Tage getretenen Gefühlsverwirrungen verursacht zu haben, weil sie Fröbels Werbung nachgegeben hätte, obgleich sie beide gewußt hätten, dass ihre Ehe der Kinderlosigkeit wegen nicht voll erfüllbar sein würde"[74]

So spricht eine Frau, deren Depressivität und Bereitschaft sich minderwertig zu fühlen, groß ist.

Für Erika Denner, wie für viele andere Fröbelianerinnen, liegt die Vermutung nahe, dass Fröbels Heirat mit der um zwei Jahre älteren Henriette Wilhelmine Hoffmeister im Jahre 1818 als eine Suche nach der früh verlorenen Mutter zu verstehen ist. Sieht er doch in ihr die „Mutter" seiner inzwischen entstandenen „Allgemeinen deutschen Erziehungsanstalt" in Keilhau.

Im „Brief an die Keilhauer Frauen" gibt Fröbel einen weiteren Einblick in die Motive seiner Ehefrauen-Wahl.

> „Ein jugendliches, lebensunerfahrenes Gemüt und Wesen mit meinem Leben zu verbinden, hätte ich für ein Vergehen, ja ich spreche es für mein innerstes Gefühl nicht zu stark aus, für ein Verbrechen gehalten. Ich achtete das jugendliche Leben und die hohe Bedeutung desselben, ich achtete das weiblich jugendliche Leben viel zu hoch, als daß ich es hätte in seiner Unerfahrenheit und Gutmütigkeit an mein vom Leben so vielfach zerdrücktes Leben binden und so durch meine Schuld die Schönsten, laubigsten, grünendsten, blühendsten und duftenden Entwicklungen desselben stören oder gar gänzlich hemmen sollen. So klar und so bestimmt, als es hier steht, redete ich mit mir. [75]

Hätte Fröbel von sich angenommen, er könnte noch mit einer jungen Frau in intime Beziehungen treten, dann wäre seine Entscheidung eine andere gewesen. Nämlich die:

> „Und hätte ich nicht vor allen den jugendlich weiblichen Wesen meiner nächsten Verwandtenwelt, die mir wirklich lieb und wert waren, das schönste Leben bereiten [...].
>
> Und wenn nun auch, wäre es auch wirklich ganz unbewußt der höchste Wunsch meines Herzens gewesen, sie (den denkbaren jungen Ehe-Frauen, D.K.) nicht allein ganz glücklich zu sehen, sondern nach Möglichkeit selbst ganz glücklich zu machen.."[76]

Nicht minder gewichtig sind in dieser Situation auch Fröbels eigene widersprechende Gefühle. Zum einen empfindet Fröbel:

---

[74] Hoffmann, E./ Wächter, R. (1986): S.300
[75] Gumlich, B. (1935): S.110
[76] Gumlich, B. (1935): S.110

„Ich fühlte und erkennt mich auf einer Stufe des menschlichen Lebens gerückt, die nicht mehr fähig ist, die zarten, duftigen Forderungen eines jugendlichen, weiblichen Gemütes zu erfüllen".[77]

Diese Gefühle werden ihm um so schmerzlicher bewusst, weil er in den Jahren zuvor seine jungen Nichten näher kennenlernt. Im Vergleich zu ihnen bleibt seine Frau mit ihrer erotischer Ausstrahlungskraft für ihn wohl blass oder im Wissen um ihre Geschlechtserkrankung ist sie für ihn mit einem sexuellen Tabu belegt.

So lässt sich die Einschätzung, in welche ökonomische und beziehungsmäßige Situationen sich Henriette Wilhelmine begibt, die Heindl 1860 formuliert, teilen.

„Ihm folgte als Gattin in die sorgenvollste und schwierigste Lage die Tochter eines preußischen Kriegsraths, die im Hinblick auf das große von Menschenliebe begeisterte Erziehungswerk alle Mühen und Lasten unverdrossen ertrug, und ihr ganzes Vermögen diesem Zweck opferte."[78]

Über Fröbel und seine Wilhelmine lassen sich bei Wichard Lange nur sehr knappe Hinweise finden:

Hat schon Fröbels Art zu wirtschaften seine Schwägerin derart schockiert, dass sie das Erziehungsprojekt auch deswegen verlässt, so ergeht es Fröbels Bruder später nicht viel anders. Ist er zuerst (1820) hoch motiviert mit Frau, Töchter und Vermögen bei Fröbel mit eingestiegen, um die wirtschaftliche Führung zu übernehmen, so wirft er Fröbel die Führung der Landwirtschaft bald vor die Füße, zudem Henriette Wilhelmine zeitgleich ebenfalls sehr unpraktisch im Hause waltet.[79]

So nimmt es kein Wunder, dass mit den beiden „Dilettanten des wirtschaftlichen Handelns" (W. Lange), die Ökonomie des gemeinsamen Projektes stark ins gefährliche Wanken gerät.

Insgesamt ist über sie aber nur wenig bekannt. Eine Anekdote berichtet, sie habe alle Lehrer in Keilhau dazu „verführt" im Sommer nachmittags draußen Kaffee zu trinken und ein Schwätzchen zu halten. Der öffentliche zur Schau gestellte Kaffeegenuss führt bei den langhaarigen, kurzhosigen und suchtkritischen älteren Schülern zur Aufruhr, denn der Verzehr von Kaffee gilt als verpöntes und lasterhaftes Gehabe, das offiziell entschieden abgelehnt wird. Zumal nun auch der Rasenplatz zur Körperertüchtigung von der Kaffee-Gesellschaft beansprucht wird. Vorläufiges Ergebnis: Die Dame mit den Herren verziehen sich

---

[77] Halfter, F. (1931): S.499
[78] Heindl, J.B. (Hrsg., 1860): S.126
[79] Lange, W. (1966): S.18 Doch wie diese Geschichte weiter geht, lässt sich nicht deutlich erkennen.

freiwillig - mit der unbeirrbar aufrechterhaltenen Kaffeerunde - an ein anderes Plätzchen.

Als sie knapp 20 Jahre später, 1838/39, endgültig schwer erkrankt, legt sie Wert darauf, möglichst lange ihren schlechten gesundheitlichen Zustand vor Fröbel zu verbergen. So kann er unbelastet auf Reisen gehen und für seine neuen Ideen der Kleinkindererziehung und den Einsatz seiner Spielgaben werben. Zurückgerufen wird er schließlich von der Keilhauer Gemeinschaft aus Dresden als sich ihr Zustand im Februar 1839 ersichtlich stark verschlechtert. Am 18. Mai 1839 stirbt sie mit 59 Jahren.

Aus der heutigen Distanz soll unvoreingenommen die Frage erlaubt sein, was hat Henriette Wilhelmine zu dieser Haltung geführt. Ihre bisher nur schlummernde Leidenschaft zur erzieherischen Arbeit oder gar die zu Fröbel?

Eine Annahme für ihre Ehewahl lässt sich bereits herausstellen. Eine Tochter aus wohlhabendem Haus, gebildet, die schon einmal als selbständige Ehefrau eines großbürgerlichen Haushaltes gewirkt hat, muss nun wieder als Tochter, doppelt gekränkt durch Scheidung und Infizierung, im elterlichen Haus leben. Es werden sie weniger romantische als strategische Gefühle bewogen haben, sich für Fröbel zu entscheiden. Es liegt nahe, dass sie sich als intelligente Frau, nun einen freundlichen, emotional und sexuell ungefährlichen Mann anvertraut, der aber einer großen Idee folgt, die sie auch billigen kann. Sie stellt sich als Person mit ihren finanziellen und intellektuellen Fähigkeiten in den Dienst einer bedeutsamen Sache des Mannes. Ihre Entscheidung für Fröbel hat etwas von einer Auserwähltheit und darin liegt vermutlich ein Trost für das peinsame Ende einer großbürgerlichen Lebensperspektive und ein großes Maß an Verführbarkeit. Wenn sie schon nicht ein großes Haus führen kann, mit finanzieller Absicherung, dann wenigstens die Teilhabe an einer großen Idee.[80] Das gemeinsame Dritte, ist dann weniger die gemeinsame psycho-sexuelle Praxis, sondern der intellektuelle Diskurs, dem sie in jeder Hinsicht folgen kann.

In wieweit die Anerkennung nicht nur auf eine kognitive Funktion beschränkt ist, sondern auch ein affektives Verhältnis in der Pendelbewegung von Zusammensein und Getrenntsein beinhaltet, lässt sich aus heutiger Sicht nicht rekonstruieren. Das wirkungsvolle psycho-dynamische „Dritte", das in dieser Ehebeziehung, jenseits der Liebe wirkt, bleibt dennoch nicht gänzlich verborgen. Es kann durch sich überlagernde dynamische Kreiselkräfte zumindest skizziert werden: Gerechtfertigt erscheint so die Annahme, dass die Erfahrung der wechselseitigen Anerkennung für die Konsolidierung beider bedürftiger Selbste von großer Bedeutung wird und letztlich die elementare Basis der Ehebeziehung bildet.

---

[80] Interessante Hinweise von Theweleit, K. (1990b): S.57ff

„Zürnen Sie doch ja nicht, daß ich Ihnen so oft ausspreche *daß* wie ich mich innigst nach Ihnen sehne, nicht etwas *daß Sie mir* weil ich dann eingreifendes Helfen von Ihnen fo[r]derte, o! Freundin, wenn Sie dieses einen Augenblick denken könnten, dann kennten Sie mich noch nicht; aber die Stärkung, der Muth, welcher aus der Mittheilung hervorgeht, die wünsche, die hoffe ich von Ihnen. Ein Wort ein Blick von Ihnen wie könnte mich der erheben!"[81]

Als Grundlage zeigt sich dann Ebenbürtigkeit in einer fundamentalen Solidarität ehelicher Gemeinschaft; solidarische Gegenseitigkeit; Unabhängigkeit in der Selbstverausgabung, nur begrenzt durch die Freiheit des Anderen und aufzubrechen, wohin er/sie will.[82] In dieser Beziehung eine Erfüllung mütterlich-versorgender Versorgungswünsche von Fröbel erkennen zu wollen, erscheint mir wenig nachvollziehbar.

Welche andere Funktion könnte sie in seinem Seelenhaushalt erlangen?

Selbstbestrafung durch die Beziehung zu einer unnahbaren Frau, die der nicht-lieben könnenden Mutter gleicht, weil sie so früh starb. Oder beinhaltet diese Beziehung die Vermeidungsfunktion, mit einer womöglich erotischen, fordernden Frau in Kontakt treten zu müssen. Die Herkunft aus der großbürgerlichen Familie und ihre Erkrankung wirken dann zusammen wie ein Reinheitssiegel. Geheiratet wird ein bürgerliches Ordnungsmodell, das den unsicheren Mann schützt. Es garantiert, dass die Nähe zu einer sinnlichen Frau ihn nicht in die Situation bringt, dass er von seinen Emotionen überflutet wird. Diese Art der Heirat kann als psychische Abwehr verortet werden, um die eigene nie erfüllte Bedürftigkeit nach Nähe kontrollieren zu können.

Als mediale Frau, die ihm stets zuhört und sprechen kann, wird sie für Fröbel besonders reizvoll.

„Ich bedurfte ein so frommes, so bewährt frommes Weib wie Sie um in den ganz eigenen Formen meines Handelns, doch die Frömmigkeit meines Geistes zu lesen zu erkennen Ihrer Frömmigkeit wegen wählte ich Sie, wählte Sie der Ihrige."[83].

Wahrscheinlich wird es das Zusammenspiel eines affektives Kraftfeldes mit widersprüchlichen Zielrichtungen sein. Gleichzeitig startet er unbeirrt sein Erziehungsprogramm, dass ihm erlaubt sie auf Distanz zu halten.

„Du sagst meine Freundin, meine Einzige! Mein Höherstellen Deiner, als Du wirklich schon seyest, als Du in der Wirklichkeit, wirklich schon bist, mache Dir Schmerz. Ja meine Theuerste, meine Geliebteste ich will es Dir auch ganz offen gestehen, daß ich Dich mit meinem Wissen und mit meinem Bewußtseyn höher hinstelle als Du wirklich außer Dir jetzt schon bist (:aber nicht, aber keinesweges höher und lange noch nicht so hoch als Du in Dir, Deinem Wesen, Deiner Anlage, Deiner

---

[81] ww.bbf.dipf.de/editionen/froebel/fb1818-07-15-01.html. Stand: 30. Januar 2008.
[82] Vgl. Kamper, D. (1995): Über Ehe und Liebe. Vgl.: www.per.cultd.net. Stand: 1.9.2010
[83] www.bbf.dipf.de/editionen/froebel/fb1818-06-21-01.html. Stand: 30. Januar 2008.

Bestimmung Deinem Berufe nach bist, als Dein Wesen ist:) jenes thue ich deßhalb, damit Du in Dir suchen mögest: ob Du nicht in Deinem Leben und Handeln, in Deinem Empfinden und Wirken, so werden kannst, als ich Dich hinstelle, als ich Dich, Dir zeige. Und da wirst Du denn bey Unverzagtheit und Vertrauen, bey Frömmigkeit und Gottergebenheit bald finden, daß Du nicht allein so seyn und werden kannst, wie Du findest, daß ich Dich hinstelle, sondern Du wirst sogar bald finden, daß Du noch mehr bey Weitem noch mehr seyn kannst und einst / gewiß seyn wirst, als Du jetzt in meiner Darstellung Deiner findest; denn (:ich bitte Dich schon wieder sey zürne nicht mit mir wenn ich sage ich kenne Dich besser, Dein Wesen als Du Dich selbst kennst[)]."[84]

„Dein Geist, Dein Gemüth, Dein Herz, Dein Sinn [...] erkannte [...] nie ein Anderer, und noch nie als von mir erkannt, empfange auch ich Dich mit Deinem jungfräulichen Geiste und Gemüth und Herz und Sinn, so bist Du mir wenn auch äußerlich eines Andern gewesen doch meine jungfräuliche Braut"[85]

Zugleich basiert die Ehe auf der Entscheidung einer alt- und krank gewordenen Tochter, die als geschiedene Frau auch noch eine gewisse soziale Ächtung der großbürgerlichen Berliner Kreise ertragen muss. Eine schwer gekränkte Tochter aus gutem Hause, die endlich ihre Ruhe in der Provinz finden will und sich ein Versteck in der ländlichen Abgeschiedenheit bei Fröbel sucht.

Von allen Seiten prasseln auf beide Heiratswilligen Vorwürfe nieder, als deutlich wird, dass sie diese Ehe schließen wollen. Wilhelmine gehe ein zu großes Risiko ein, denn er würde sie nur finanziell ausnützen. Von daher ist es kein Wunder, dass in den letzten Monaten vor der Verheiratung Wilhelmine immer leicht verschreckt auf Verzögerungen reagiert und Fröbel sich in seinen Briefen bei ihr auffällig oft entschuldigt, weil er sehr spät ihren Brief beantwortet, weil er den falschen Tonfall gewählt hat, weil er sie falsch verstanden hat.

Auf alle Fälle entdeckt sie in der folgenden alltäglichen praktisch-pädagogischen Arbeit für sich selbst keine neue und erfüllende Lebensweise. So ist es kein Zufall, dass sie Jahre später von niemandem als tatkräftige und zupackende Gefährtin Fröbels während ihrer Keilhauer Zeit wahrgenommen wird.

„"... denn die ‚Base' ist eine feingebildete Dame, vor deren Bildung und taktvollem Benehmen ich später die größte Hochachtung empfand. Sie ist in ungewöhnlichem Grade sowohl in deutscher Literatur als auch im Bereiche der Philosophie bewandert, besitzt einen gediegenen Geschmack und trug das, was sie vorlas, ungemein anmutig vor. Dabei hat sie eine so liebenswürdige Bescheidenheit, daß sie den ganzen Schatz ihres Wissens niemals vorstechen ließ, nur zur Erhöhung der Anmut des Umgangs benutzte, durchaus keinen Anflug des Blaustrumpfes zeigte, welcher Männern so fatal ist. Zugleich muß man auch über den Grad ihrer Entsagung erstaunen, der höher noch als bei irgend einem der drei Freunde zu bewundern war. Aufgewachsen in den Bequemlichkeiten, die das Salonleben bietet, nahm sie jetzt mit der

---

[84] www.bbf.dipf.de/editionen/froebel/fb1818-07-15-01.html. Stand: 30. Januar 2008.
[85] www.bbf.dipf.de/editionen/froebel/fb1818-07-26-01.html. Stand: 30. Januar 2008.

einfachsten Hauseinrichtung und der frugalsten Kost fürlieb, was gewiß von edler Gesinnung und kräftigem Willen zeugt. Nur ist nicht wohl einzusehen, warum sie nicht mit den Kindern frühstücken wollte, wodurch die Trennung der Lehrer von den Kindern vermieden worden wäre. Auch ist recht schade, daß sie mehr sein will als sie konnte; denn eine Hausfrau für einen größeren Kreis ist sie nicht."[86]

Eine überraschende Gemeinsamkeit von Fröbels Frauenwahl mit Henriette ist ihre sinnliche Unerreichbarkeit und ihre dauerhafte Rolle als mütterlich-dezente Spenderin von überlebensnotwendigen Rationen. Sie hat sich mehrfach aus dem Hintergrund für Langethal, Middendorff und Fröbel als ökonomische Stütze hervorgetan. Natürlich bleiben ihre caritativen Aktionen sehr verschwiegen, um die Ehr-Gefühle der empfindsamen Männer nicht zu kränken.

In der Unerreichbarkeit von mütterlichen Frauen kennt Fröbel sich aus. Da hat er Strategien entwickelt, um ihre Ferne zu ertragen. Ihre Nähe würde ihn viel mehr bedrohen. Hier zeigt sich eine Ähnlichkeit zu seiner ersten großen fernen Liebe: Seine Mutter blieb nicht nur als Mutter unerreichbar, sondern durch ihren frühen Tod bleibt ihm auch die erlebte Qualität regulierender körperlicher Nähe weitgehend unbekannt. Nur wenige Monate konnte Fröbel ihre lebendige Nähe spüren. Nun bedroht ihn weibliche Nähe mit Defragmentierungsängsten und Verschmelzungswünschen gleichermaßen.

2.4 Die (zweite) Ehefrau Luise Levin

Zwischen dem Elternhaus von Luise Levin und dem Haus Christian Fröbels bestehen seit langer Zeit nachbarschaftliche Kontakte. Im Jahr 1846 ist die 31jährige Luise zu einem längeren Besuch nach Keilhau gekommen, mehr zur Hilfe für die Hausfrauen als um selbst Gast zu sein, weil sie im Augenblick in der eigenen Familie bei ihren verheirateten Brüdern keine Aufgabe hatte. Mit 31 Jahren hat sie bereits für die damalige Zeit den Nimbus einer alte Jungfer und droht für ihre Familie zum problematischen Versorgungsfall zu werden. Sie entdeckt in der Versorgung Fröbels dann einen Lebenssinn und kümmert sich bald „töchterlich" (Osann) um Fröbel; denn der alte Mann – in seiner Heimatlosigkeit – erregt ihr Mitleid. Sie pflegt seine Blumen, wenn er abwesend ist. Zudem beteiligt sie sich im Winter 1847 mit Middendorffs Tochter Alwine in Hamburg an einem Ausbildungskurs zur Kindergärtnerin. Die scharfäugigen Hausfrauen von Keilhau finden diese Teilnahme allerdings höchst überflüssig und befreien dennoch Luise nicht von den übernommenen Pflichten für den gemeinsamen Haushalt.

Mit der Übersiedlung nach Dresden, im Herbst 1848, erfolgt eine endgültige Trennung zwischen Fröbel und seinen ehemaligen Mitstreitern von Keilhau.

---

[86] Langethal, C. (1872): In: Neue Keilhauer Blätter 6/2000.

Fröbel kehrt nicht mehr zurück. Er hat schon im Frühjahr und Sommer 1848 nach einer Möglichkeit gesucht, die Kindergärtnerinnenausbildung von Keilhau zu lösen und woanders neu zu begründen. Woher bezieht er die Kraft dafür?

„Die Energie zu dieser neuen Planung im Alter von 66 Jahren strömte ihm aus einem beglückenden persönlichen Erlebnis zu. Ihm wuchs noch einmal ein Frauenherz liebend und vertrauend entgegen."[87]

Im Juni 1849 zieht Luise als Hausfrau in Liebenstein ein, in der Zwischenzeit nun auch unzufrieden, weil ihre Hoffnung auf eine klare Entscheidung Fröbels zu ihr durch eine Heirat sich nicht erfüllt. Dass eine Heirat für Luise, Fröbel und der Kindergartenidee einen Auftrieb geben könnte, sieht Henriette Breymann deutlich. So schreibt sie, im März 1849, ihrer Freundin Luise:

„Er sollte Dich heiraten, mit Dir nach Marienthal oder wo es sonst sein mag, ziehen, einen Kindergarten einrichten [...]. Ich finde nichts, was für die ganze Sache, für Fröbels eigene Person, für uns, die ihn nahestehen (geeigneter wäre ...)"[88]

Doch Fröbels Zögern ist verständlich. Er hat die komplette Keilhauer Familie bei solchen Absichten gegen sich. Die Familie fürchtet bei seinem hohen Alter und der stets ungeklärten Finanzlage von Keilhau, in absehbarer Zeit eine Witwe mitfinanzieren zu müssen. Gleichzeitig ist der Anfang in Liebenstein finanziell sehr ungesichert. Aus solcher unsicheren Lage heraus überredet er Luise, zunächst ohne Eheschließung seine Haushaltsführung zu übernehmen. Sie folgt seinem Wunsch.

In der Zwischenzeit bildet sie sich weiter zur Kindergärtnerin aus. Fröbel ging in der Zeit (im Winter 1849-50) nach Hamburg, um dort Werbevorträge zu halten, die jedoch erfolglos bleiben. Gleichzeitig wird er erregter Zeuge der großen Beziehungsdramen an der Hamburger Ausbildungsstätte. Schließlich Fröbel erkrankt in Hamburg.

„Luise litt unter der Trennung und sorgte sich um Fröbel, der in der großen Stadt nicht die Pflege hatte, die er brauchte. In ihren Briefen aus dieser Zeit kommt auch der tiefe Schmerz zum Ausdruck, ihre Stellung zu Fröbel vor der Welt verbergen zu müssen."[89]

In dieser Beziehung bleibt das „Erblicktwerden" für Fröbel ohne Bedeutung. Er nahm, jetzt als Greis, das Geschenk einer eher töchterlichen Beziehung an. Luise Levin beschreibt ihre Perspektive ähnlich:

„In der anfangs kindlichen Verehrung, mit welcher ich an Fröbel hing, hat ich stets gestrebt, ihm geistig näher zu kommen, und seine unendliche Güte, welche er stets

---

[87] Hoffmann, E.
[88] Lyschinska, M. (1922a): S.113f
[89] Hoffmann, E. (1982a): S.178

Schwachen entgegen bringt , hat mein Selbstvertrauen geweckt und gepflegt. Ich wagte es, mich neben den Mann zustellen, den ich zwar noch stets hoch über mir sah, aber dem ich doch eine Stütze in anderer Beziehung sein kann und dem ich mein bestes Sein zu danken hatte. Fröbels Alter störte mich nicht, er stand in meinen Augen hoch über allen anderen Männern und ich fühlte nur wie unbedeutend ich neben ihm stand." [90]

Wenn man versucht, in dieser Beziehung etwas vom „Anschauen" und „Erblicktwerden" zu erkennen, so fällt der „Höhenunterschied" im Blicken auf. Luise von unten nach oben und vermutlich dann Fröbel eher von oben nach unten. Eine Beziehung in gleicher Augenhöhe ist es sicherlich nicht.

Dennoch, der inzwischen nun alt gewordene Fröbel verspricht, unter dem Eindruck des wilden Beziehungslebens an der Frauenhochschule, von Hamburg aus die Heirat. Im Frühjahr 1850 steht dann der von Luise stark erhoffte Umzug bevor. Der Herzog von Meiningen ist bereit, Fröbel das Schlösschen Marienthal, in der Nähe von der Ortschaft Liebenstein, gegen eine geringe Miete zu überlassen. Luise wünscht, in Marienthal endlich als rechtmäßige Ehefrau von Fröbel einziehen zu können. Marienthal wird im Mai 1850 bezogen, aber erst ein Jahr später, Pfingsten 1851 wird die Ehe im unauffälligen Rahmen geschlossen.[91]. Nur ein Jahr später stirbt Fröbel im Juni 1852.

Erneut beobachtet eine Frau die Beziehungssituation von Fröbel kritischer als alle anderen. Diesmal ist es Erika Denner, die die Leidenschaft von Luise Levin für Fröbel noch aus einer völlig anderen Perspektive versteht:

„Luise Levin ist Fröbel in dieser krisenhaften Lebenssituation wohl kaum eine Hilfe, denn ihre eigentliche Grundstimmung ist wenig lebensbejahend. Sie will immer früh sterben und versprach sich ein Glück mit Fröbel auch im Jenseits."[92]

Aber nichtsdestotrotz er hat sie angenommen, und er gibt ihr über seinen Tod hinaus einen neuen Lebenssinn als Verwalterin seines gedanklichen Erbes und – sie wird sehr alt mit dieser Aufgabe.[93]

2.5 Caroline v. Holzhausen

Ähnlich wie bei anderen bürgerlichen Hauslehrern (Hölderlin, Lenz, Kleist), entwickelt sich zwischen Fröbel und seiner Auftraggeberin (Caroline von Holzhausen, der Mutter seiner drei Zöglinge), sehr enge, eventuell gar erotische Be-

---

[90] Levin, L. zitiert nach Prüfer, J. (1927): S.124
[91] Hoffman, E. (1982a): S.176ff
[92] Denner, E. (1998): S.164
[93] Nach Fröbels Tod wählte die Witwe – nach kurzen Aufenthalten in Keilhau und Dresden – Hamburg als festen Wohnsitz. Sie verstirbt 85jährig im Januar 1900.

ziehungen. Erika Hoffmann kommentiert das Verhältnis in der bekannten Art und Weise: Es ermöglichte ihm,

> „... sich im Strahlbereich der mütterlichen Wärme, die ihm als Mutterlosen so wohl tat, froh und still zu entfalten."[94]

Nach einiger Zeit seiner Tätigkeit als Hauslehrer hat sich Fröbel nicht länger als bloßer Bediensteter empfunden. Mit der Folge:

> „Der 29 Jährige lebte fest in der idealistischen Versponnenheit des gefährlichen Phantasiespiels einer rein geistigen Ehe, dessen Anfang von C. v. Holzhausen zum mindesten muss geduldet worden sein."[95]

Wann die Beziehung zwischen Fröbel und der acht Jahre älteren Caroline von Holzhausen zur Liebesbeziehung sich entwickelt haben könnte, ist anhand der Schriftquellen nicht verlässlich festzustellen. Alle Biografinnen spekulieren jedoch, dass zwischen den beiden etwas gewesen sein muss.[96] Hoffmann nimmt an

> „... dass die in der damaligen Zeit gepflegten erotischen Freundschaftsformen in ihren mannigfachen Abstufungen, die man nicht als unerlaubt und schuldhaft empfand, noch längere Zeit die bestürzende Erkenntnis aufgehalten haben werden. Die idealistische Vorstellung einer frei schwebenden Geistigkeit ermöglichte ihnen den heute nicht mehr allgemein verständlichen Ausweg einer rein geistigen Ehe, einer tiefen notwendigen Einigung des Innern, die auf den äußeren Vollzug verzichtete. Fröbel nannte in Notizen von 1808 Caroline von Holzhausen schon ‚Gattin', vielleicht zuerst nur vor sich selbst, später ohne Zweifel mit ihrem Einverständnis; ganz gewiß heißt das im Jahre 1808 ‚Seelengattin'. Aus dem geringen Quellenmaterial, tritt als Wahrscheinlichkeit hervor, dass ein leidenschaftlicher Durchbruch des Gefühls erst 1811, kurz vor der Trennung, erfolgt ist."[97]

Der junge Mann, Friedrich Fröbel, ist dadurch in eine spannungsvolle Situation gekommen: Die Nähe zur begehrten „Großen Mutter" wird versperrt durch den „mächtigen Ehe-Mann", der Fröbel auch fühlen lässt, wer Herr und wer Diener sei.

Die attraktive und gesellschaftlich höher stehende Frau wird vor allem von Fröbel in ihren „mütterlichen Seinsqualitäten" verehrt. Zwischen „großer Mut-

---

[94] Hoffmann, E. (Hrsg., 1982b): S.153
[95] Hoffmann, E./ R. Wächter (1986): S.343
[96] Bittner macht auf eine abweichende Variante aufmerksam, die schon von Hoffmann/Wächter (1986, S.301) angedacht wird aber bisher nur wenig Anerkennung fand: „Ist es denkbar", fragen sie „daß sie (C.v. H., D.K.) den bitteren Ernst in den Kämpfen des jüngeren Partners gar nicht voll wahrgenommen hat?" Bittner spricht dann diese Beziehungssituation deutlich aus: „Sie hat ihn angestoßen, auf den Weg gebracht – und dann im Regen stehen lassen." Bittner, G. (1988): S.147
[97] Hoffmann, E. (Hrsg., 1982b): S.157

ter" und „kleinem Fröbel-Mann" entwickelt sich ein besonders exklusives Verständnis von ihrer Rolle in dieser Welt. Aus diesem Verständnis bleibt der adlige „Große Ehe-Mann" ausgeschlossen.

Allerdings muss Fröbel vom aristokratischen Vater dieser Kinder des Öfteren Demütigungen und Degradierungen seines Berufes hinnehmen. Dieses Verhältnis zwischen einem älteren, mächtigen und dem jüngeren, unterlegenen Mann, trägt viele Insignien der Rivalität um die geliebte Frau, die im Kontext der Auffassung von ödipalen Konfliktfiguren begriffen werden kann.

> „Meine Furcht, mein Abscheu, mein Selbstbezwingen, mein Gefühl der Unwürdigkeit des Behandeltwerdens von ihm, meine Freude des Entferntseins von ihm... Ich, der ich erwartete, als Mensch und Denker gleichgeordnet zu werden, wird nun Diener, Untergeordneter".[98]

> „... da ich das Sein und Leben der Adligen wie das Böse selbst hasse und die pädagogischen Grundsätze des Vaters nicht die meinigen sind oder eigentlich, da der Vater gar nicht weiß, was es heißt: **Vater** zu sein und was die Pflicht des Vaters gegen die Kinder erfordert und also in Hinsicht auf Kindererziehung nicht eine Ahnung von reinen Grundsätzen hat und ich mich dagegen bemühe, alle diejenigen Grundsätze bei der Erziehung meiner Pfleglinge anzuwenden, die ich als rein, gut und natürlich erkenne. Die Stimme der Mutter ist zu schwach, als daß sie durchdringen, daß sie das Verhältnis des Vaters zu seinen Kindern auf das Naturverhältnis zurückbringen könnte." [99]

Als bei Fröbel und Caroline von Holzhausen die sexuellen Dämme (scheinbar doch) brechen zu drohen, bleibt die Frau letztlich realistisch. Sie entscheidet sich – gegen eine vielleicht romantischere – aber für eine finanziell sichere und standesgemäße Lebensform für sich und ihr Ungeborenes. Denn neun Monate nach Fröbels Weggang wird Carolines Sohn Hector geboren. Fröbels Weggang überschneidet sich mit dem rechnerischen Zeugungszeitpunkt. Nirgends (weder bei Fröbel – noch bei seinen Biografen) ist verlässlich zu entnehmen, ob das Kind sein Sohn sein könnte.[100] Aber diese Spekulation erscheint ausnahmslos allen Biografinnen nicht völlig unsinnig zu sein. Im März 1811 kündigt Fröbel überraschend seine Hauslehrerstelle mit dem Argument, seine eigene Ausbildung vollenden zu müssen: Er wolle nach Göttingen und dort studieren.

Hoffmann favorisiert folgende Deutung:

> „Was Fröbel im Juni 1811 zu dem plötzlichen Aufbruch nach Göttingen veranlaßte, wird die Wiederherstellung der Ehegemeinschaft der Gatten Holzhausen gewesen

---

[98] Aus den Tageblättern, 24.8.1826. In: Gedenkschrift zum 100. Geburtstag, S.36
[99] Mundorf, G. (1952): S.31
[100] Flitner äußert hinsichtlich der Vaterschaft auch nur eine Vermutung: Flitner, W. (Hrsg., 1986): S.395. E. Hoffmann erhebt diese Möglichkeit (S.156f) zu einer realistischen Variante, entscheidet sich aber letztlich dafür, dass Fröbel von den sich wieder annähernden Eheleuten beziehungsmäßig ausgebootet wird.

sein. Das Spiel einer geistigen Ehe ist neben dieser Realität nicht durchzuführen, sondern das ist nur solange möglich gewesen, als die Gattin vernachlässigt worden war. Im Abstand der Entfernung aber gelang es Fröbel, die Reueanfälle der geliebten Frau aufzuhalten und ihr die Beziehung einer ideellen Ehe als gerechtfertigt und innerlich notwendig darzustellen. Erst 1816 bricht das Schuldbewußtsein der Frau unaufhaltsam durch — und an ihrer festgehaltener Ansicht, ihre Beziehung zu Fröbel sei schuldhaft und sündig, zerbricht die Bindung.

Doch Fröbel bleibt über seine eigene Eheschließung (1818) hinweg innerlich abhängig von Caroline von Holzhausen. An jedem Wendepunkt seines Lebens, bei jedem Durchbruch zu einer neuen Stufe in der Gestaltung seines Lebenswerkes kämpfte er in den nächsten zwölf Jahren noch um die Anerkennung und einende Zustimmung dieser Frau. Sie ist ihm das ergänzende Du geblieben, erst ihr Einverständnis, ihr gedankliches Mitgehen macht ihm eine Erkenntnis, einen Erfolg im Leben vollkommen."[101]

Fröbel sucht kurz nach seiner „fluchtartigen Trennung" (Heiland) als studentischer Kriegsfreiwilliger im erwarteten Kampf Mann gegen Mann seine Initiation zum Erzieher. Noch im Feldzug skizziert er sein „Sphärengesetz". Er begreift es als eine theoretische Begründung, um den Zusammenhang von „Einheit und Mannigfaltigkeit" theoretisch zu fassen. Laut Heiland versteht Fröbel diese Arbeit aber auch als Versuch, seine Beziehung zu Caroline von Holzhausen irgendwie „philosophisch aufzuarbeiten". Aus dieser theoretischen Arbeit zur „Sphärengesetzlichkeit" lassen sich nach Heiland auch weitere erziehungstheoretische Überlegungen Fröbels ableiten.[102]

Es ist auffällig, wie selbstverständlich alle Interpreten bei Fröbel eine Hochbewertung des Mütterlichen finden und vor allem am Beispiel von Caroline v. Holzhausen immer wieder illustrieren.

Dazu kommt, dass die früh verstorbene Mutter Fröbels in allen Schriften, wie ein „kostbarer Stern aus der Ferne strahlt", der leider nur viel zu früh verblasst ist. Hier sei schon mal an die reale Lebenspraxis und Lebenserwartung der damaligen Mütter, ihrer vielen Geburten, vieler früh verstorbenen Kinder und damit der überlebensnotwendigen inneren Distanz der Mütter ihren gefährdeten Säuglingen gegenüber, erinnert.

In anderen Worten: Weder die autobiografisch-literarische noch die interpretative Wahrheit muss sich mit dem inneren Erleben decken, das doch auch psychischen Abwehrkräften unterliegt. Somit wären weitergehende Informationen über die realen Haltungen und Erziehungsweisen seiner Mutter sehr hilfreich.

Fritz Halfter versucht Fröbels Mutterverehrung als ein Urerlebnis des Mystikers zu begreifen, damit bleibt allerdings die Mutterverehrung jeder weiteren kritischen Sicht entzogen:

---

[101] Hoffmann, E. (Hrsg., 1982b): S.156f
[102] Heiland, H. (1982): S.63

„Dem jungen Manne, der bis dahin in der Gütevollen nur die geistige Mütterlichkeit verehrt hatte, erschien dies edle Weib ganz unfaßbar unerwartet 1807 körperlich als eine ``von neuem hoffende Mutter'. Dadurch nahm sie für ihn »eine ganz verklärte Gestalt« an. ‚Sie wird mir gleichsam ein höheres geistigeres, edleres Wesen. So schreibt der fast 5ojährige [...] und empfindet noch dortmals so lebhaft, dass er für seine erregte Stimmung gegenüber solcher Erscheinung als einzig treffenden Ausdruck die einstigen Worte wiederholen muß: ‚Ich möchte sie auf den Händen tragen.'' [...]. Der scharfblickenden und zugleich feinfühligen Frau entging unmöglich die Zartheit der Fröbelschen Verehrung, eben sowenig aber auch die Höhenlage, die dessen Geistesflug dabei nahm. Einerseits muß ihr Herz innige Freude an der Reinheit dieses seltsamen und so selbstsicheren Mannes empfinden, andererseits hätte sie wenig von der an ihr gerühmten Würde als Weib besitzen müssen, um nicht aus Selbsttrotz von sich aus nun auch ihre volle Selbständigkeit ihm gegenüber zu bewahren.[...] Das führt uns nun auch endlich zu dem Punkte, wo die Freundschaft dieser Frau zur Verehrung des Propheten wird. Es geschieht aus der Ahnung des voranschreitenden Wesens dieses Mannes durch Frau von Holzhausen. [...] Wir glauben zu solcher Bezeichnung greifen zu müssen. zwar erst aus späterer Zeit stammt das Bekenntnis der Frau von Holzhausen, ihr sei bei den Verkündigungen oder Offenbarungen des Fröbelschen Geistes bisweilen bange geworden. Aber wir haben eine Lebensäußerung, die unzweifelhaft belegt, dass der junge Mystiker schon etwa um 1808 berechtigt zu sein glaubte, in dieser gesteigerten, überpersönlichen Lebensform von Frau von Holzhausen verstehen zu werden. [...] An der Verehrung des »Funken Gottes«, die ihm zum ersten Male durch die edle Frau aus vornehmen Hause zuteil wurde, ist ihn der Glaube seiner mystischen Erziehungs-Mission bewußt geworden. Deshalb durfte Fröbel später mit Recht sagen, diese Frau habe die ‚Rune`' seines Lebens gezogen." [103]

Es erscheint aber notwendig, auch auf die Entwicklung des Fröbelschen Gedankens von der anzustrebenden „mütterlichen Haltung" hinzuweisen. In der Konzeption der Mütterlichkeit als Ziel eines fraulichen, weiblichen Daseins, kann er sich selber zum Lehrmeister machen und muss nicht länger bloß stiller und sehnsüchtiger Bewunderer des Weiblichen bleiben.

Um die Qualität dieser Beziehung heute verstehen zu können, lege ich zwei inhaltliche Anhaltspunkte vor. Beide Texte werden kurz nach der Trennung von Fröbel verfasst.

„Abschied von Dir, geliebte Seele, Gattin mir von Gott und Ewigkeit und in alle Ewigkeit gegeben [...].Gib dem Kinde einen Kuß und den Segen des scheidenden Vaters; sei ihm bewahrende, aber auch liebende und strenge Mutter. Lebewohl; reiche mir zum Abschied Deine Lippen und Deine Stirn". [104]

---

[103] Halfter, F. (1930): S.98ff
[104] Kuntze, M.-A. (1926): Fröbels Verhältnis zu Frau von Holzhausen. In: Kindergarten. 65 - 68, 193

Alle BiografInnen vermuten, mit dem Kind ist der noch ungeborene Sohn Hector gemeint. Einen weiteren Hinweis findet man bei Fröbel in einer Eintragung in seinen Taschenkalender vom August 1811. Er sucht einen passenden Namen für Caroline v. Holzhausen, der ausdrückt, was sie ihm bedeutet („ ...*was sie mir ist*").

> „Da las ich Ariadne, ihrer denkend. Da stand sie vor mir, mein ganzes Wesen nannte sie meine Ariadne; und so heiße sie ewig mir, was sie mir ist und war, die Labyrinth befragende Ariadne [...]. Ariadne heißt es, die treu Liebende, die Labyrinth Befragende, mit der ich vereint zum ewigen Eins zurückkehren werde..."[105]

Um zu verstehen, was Fröbel mit diesem Hinweis gemeint haben könnte, zuerst ein kurzer Ausflug in die griechische Mythologie.

Wer ist nun Ariadne? Eine Frauen-Figur aus der klassischen griechischen Sagenwelt. Natürlich sind die Variationen der Ariadne-Sage zahlreich. Folgende Gemeinsamkeiten lassen sich jedoch herausstellen: In der griechischen Sage ist sie die Tochter des König Minos von Kreta. Dort will Theseus athenische Jünglinge und Jungfrauen vor Vergewaltigung und Opfertod schützen. Auch Ariadne verliebt sich Hals über Kopf in den (Frauen-)Helden Theseus, kaum dass sie ihn sieht. Sie gibt dem Siegertypen Theseus das magische Garnknäuel, mit dem er aus dem Labyrinth zu Knossos herausfindet (der berühmte Ariadnefaden), denn sie will ihm helfen, ihren Halbbruder (den Minotaurus) zu töten. Allerdings nur, wenn er sie heiraten würde, was Theseus natürlich versprach. Nachdem er sein Werk erfolgreich vollbracht hat, flüchten beide mit den befreiten athenischen Jünglingen und Jungfrauen. Wieso flüchten sie, denn selbst ihr Vater, der auch Vater vom Minotaurus war, will seinen mutierenden illegitimen Sohn loswerden? Ihre gemeinsame Flucht dauert nicht lange, denn Theseus lässt sie auf der Insel Naxos sitzen und wendet sich neuen Abenteuern und Frauen zu. Dionysos, der Fachgott für Ekstase und Fruchtbarkeit, findet die verlassene Ariadne und macht sie zu seiner Gattin und vielfachen Mutter. Hier gibt es nach Ranke-Graves noch weitere Varianten für das Schicksal von Ariadne. Auf alle Fälle bleibt sie zurück (tot oder lebendig) und Theseus segelt weiter.[106]

---

[105] Hoffmann, E/ Wächter, R. (1986): S.48

[106] Theseus gilt als Abenteurer, das Motiv seiner Heldentaten war, er wolle es seinem Vetter Herakles gleichmachen. Er ist nicht streitsüchtig, sondern will sich nur an all denen rächen, die es wagen, ihn zu belästigen. Damit man ihn aber belästigen kann, muss er allerdings auf Reisen gehen und sich zeigen. Meistens sind es dann ausgewiesene Bösewichter, die sich ihm in den Weg stellen. Quelle: Ranke-Graves, R. (1990): S.297. Warum Theseus die schlafende Ariadne an der Küste zurück lässt bleibt ein Geheimnis. Auf alle Fälle segelt er neuen Abenteuern und Jungfrauen entgegen. Vgl.:S.308.
Es gibt aber noch eine andere Version von Ariadne und Theseus. Auf der nachfolgenden Seereise ist sie bereits schwanger und aus Rücksicht setzt er sie an Land. Doch bei der

Heiland geht davon aus, dass Ariadne, die Frau und das Mütterliche (nicht das erotische Weibliche!) symbolisiere, deren „Gemüt" (bildlich das Wollknäuel, die frühe Fröbelsche Spielform des Balls - eine aufgerollte Schnur), den orientierungslosen Mann durch das „Labyrinth des Lebens" (Heiland) sicher geleitet. Aus der Theseusgeschichte kann ich solche Reduzierung der männlichen Führungslosigkeit und der Listigkeit der Frau nicht herauslesen.

In dieser alten Geschichte toben doch auf allen Ebenen die Leidenschaften: Lust, Heldenmut, Verrat, Rache, Zorn:

Fröbels eigene Mythosinterpretation bietet ebenfalls nur eine reduzierte Variante der griechischen Sage:[107]

> „Allein das Wichtigste, was uns Ariadnes Knauel und Faden zeigt, worauf er uns hinweist, ist: vor allem müssen wir unsere Kinder dazu erziehen, das Leben (ähnlich dem Knauel) als ein zusammenhängendes Ganzes aufzufassen, sondern auch als ein solches in den einzelnen Erscheinungen und Tätigkeiten festzuhalten und darzustellen (ähnlich dem von dem Knauel sich abwindenen Faden)."[108]

Das Kinderleben, ein aufgewickelter Faden. Die Aufgabe der Eltern (der Mutter) ist es dann, den Faden wieder abzuwickeln – ein wenig hilfreiches Sprachbild. Wenn überhaupt drängt sich hier ein Verständnis für ein zeitliches Nacheinander auf, für eine Entwicklung (ohne weitere Präzisierung), aber ein „zusammenhängendes Ganzes" im Knäuel zu erkennen reduziert sich auf die Frage, ob möglicherweise der Faden gerissen sei oder sollte man hier eher einen gordischen Knoten im Verhältnis von Mann und Frau erkennen, der nun auf den gezielten Befreiungs- bzw. Trennungsschlag eines männlichen Helden wartet?

Das Ziel seiner Reise mit der vereinten Ariadne, mit ihr als Führerin, sei das „ewige Eine". Was meint Fröbel damit? Soll die Wegweiserfunktion Ariadnes darin bestehen, dass sie ihn ins Innere des Labyrinthes führt? Und dort ergänzen sich die typisch Fröbelschen (nicht immer passenden) antithetischen Sprachpaare von Innen und Außen und das Tiefste und Klarste, um so die Erfahrungsqualität einer „Wesens-Einheit" zu umschreiben. Im tiefsten Raum des Labyrinthes wird alles klar, einfach und unlabyrinthisch: Es entsteht das Ewige Eine.

Ein gemeinsames Verlassen des Labyrinthes scheint nicht vorgesehen, sondern dort im Dunkeln vollzieht sich ein Verschmelzungsakt.

Mutmaßend kann man bei Fröbel annehmen, er meint hier eine Art Auflösung, eine Aufhebung geschlechtlicher Differenz, zu Gunsten einer Einigung auf höherem Niveau. Was passiert aber mit dem gefährlichen Dritten, dem Minotau-

---

Geburt stirbt sie, verübt Selbstmord oder wird ermordet. In diesen beiden Geschichten fordert die Liebe und die Mutterschaft einen hohen Preis von den Frauen. Vgl.: S.310.

[107] Fröbel soll die Version der verlassenen Ariadne gekannt haben. Hoffmann, E./ Wächter, R. (1986): S.398
[108] Fröbel 1838/1840, I, 103 In: Heiland, H. (1999): S.36

rus. Muss er erst erschlagen werden, bevor es zu der Vereinigung kommen kann? Verbergen sich daher in Fröbels Ariadnemotiv irgendwelche ödipalen Konstruktionen? Also, wirklich klar wird aus Fröbels mythologischer Perspektive nicht, was eine Ariadne ihm sein kann.

In dem Brief vom 30.3.1831 an Caroline v. Holzhausen erklärt Fröbel sich ein letztes Mal:

„Der ewig still in mir ruhende, aber natürlich in seinem Wesen wie in seinem Wirken selbst unbekannte, einende [...] häusliche-, Familien- ich möchte sagen menschheitliche Sinn ist also auch einzig, ist immer nur der wirkende Mittel- und so wieder Rückbeziehungspunkt alles meines Strebens und aller meiner Lebenserscheinungen und Begegnisse..."

und

„... daß alle geschaffenen Wesen durch das rein Entgegengesetzte hindurch gehen müssen, um zum Ziele ihrer Bestimmung, zur Erreichung ihres Berufes, zur Entwicklung und zum Bewußtsein ihres Wesens zu gelangen..."[109]

Diese Formulierung ist fröbeltypisch: Konkretes fehlt, dagegen kommen von ihm einige formale Hinweise, die in ihrer Allgemeinheit nur zu Spekulationen einladen, was denn diesmal gemeint sein könnte. Oder verrät die Sprache mit ihren Verallgemeinerungen, mit der Flucht vor dem Konkreten, die Funktion ihres Abwehrcharakters. Das brennende Bedürfnis des Sprechers darf nicht zur Sprache gebracht werden.

2.6 Die Töchter seines Bruders

Fröbel hat seinen Bruder Christian, einen Kaufmann, 1820 endgültig gewonnen mit kompletter Familie (Frau Caroline, drei Töchtern und den beiden Söhnen Ferdinand und Wilhelm) und mit der Einlage seines ganzen Vermögens in sein Erziehungsprojekt einzusteigen.

Fröbel ist nicht nur dankbar für die damit verbundene wirtschaftliche Stabilisierung der Keilhauer Anstalt, sondern er entdeckt auch in den Gesprächen mit seinen Nichten und durch ihre mädchenhafte Nähe, aufwühlende und ihn dynamisierende Empfindungen. In der folgenden Zeit gibt es für Fröbel über Jahre hinweg nacheinander – aus der Sicht seiner Biografen – „aufflammende Beziehungen" zu allen drei im Hause wohnenden Nichten (Albertine, Emilie und Elise). Er ist damals zwischen 35 und 49 Jahre alt und das Lebensalter seiner Nichten liegt immer um 17 Jahre, als er sich für sie zu interessieren beginnt. Der Ehefrau und dem gesamten Keilhauer Familienverband sind Fröbels Stimmungen und besondere Zuneigungen natürlich nicht verborgen geblieben, und alle

---

[109] Fröbels Brief an C.v. Holzhausen (30.3.1831). In: Hoffmann, E./ Wächter, R. (1986): S.253

sind durch Fröbel wiederkehrend irritiert.[110] In seinen Selbstdarstellungen und in den Berichten über ihn wird allerdings nicht deutlich, ob es sich um die züngelnden Phantasien eines älteren Mannes handelt oder um die seiner Verwandten und Freunde oder um reale sexuelle Eskapaden.

Der Philosoph und Pädagoge Eduard Spranger fasst einfühlend und teilnahmsvoll die Situation Fröbels zusammen:

„Aus der großen Selbstbeichte, dem ‚Brief an die Frauen in Keilhau' von 1831, geht hervor, dass auch Herzenswirrungen an dem Verlassen Keilhau beteiligt waren: eine idealistisch umhüllte Hinneigung des Verheirateten zu seiner Nichte Emilie, die unmittelbar nach Fröbels fluchtartiger Abreise den Bund mit Barop schloß. Fröbels Sehnsucht nach Lebenseinigung hat ihren Brennpunkt in schwärmerischer Einsfühlung mit der jugendlichen Frauenseele. Er fordert das Recht dazu von seiner eigensten Lebensbestimmung aus. Er brauchte dieses Eintauchen in die Idealität des Weiblichen, um ganz das zu sein, was er war, und um zu wirken, was er muß ... Im Keilhauer Kreise werden ihm die Töchter seines verstorbenen Bruders zu lebendigen und geliebten Verkörperungen innerster Ahnung des jungfräulichen Wesens. Man spürt, dass er schon zu der ältesten, Albertine, der späteren Gattin Middendorffs, eine solche ‚Leidenschaft aus Idee' empfunden hatte. Emilie wird dann seine Seelenvertraute. Und aus den von Nohl veröffentlichten Briefen an die dritte Schwester Elise seit 1831 geht hervor, dass eine neue, ähnliche Erschütterung folgte, die für das Neujahrsbekenntnis von 1835/36 mitbestimmend gewesen."[111]

Leider beschreibt Spranger nur die Seite des großen Erziehers und dessen schwärmerische Not. Im Übrigen: Was ist eine „idealistisch umhüllte Hinneigung" (Spranger)? An anderer Stelle lässt er mehr durchscheinen:

„Noch glaubt er, der mutterlose, dass ihn die weibliche Seele durch **absolutes** (Hervorhebung von mir (D.K.) Verstehen endlich erlösen müßte."[112]

Spranger erkennt mitfühlend, Fröbel habe ein Anrecht auf seine Erlösung aus männlicher Rationalität und Einsamkeit. Diese Leistung gehöre zur Rolle der Frau. Erst wenn die Frau, die weibliche Seele, Fröbels Innerste erkennt, kann er (vom Bann, Fluch) erlöst werden. Welcher Bann hielt ihn gefangen? Welche Zauberin hat auf Fröbel einen Bann ausgesprochen? Oder muss er als Frosch nur geküsst werden? Was weiß Spranger von einem solchen verhexten Zustand männlichen Lebens?

Schließlich führt Spranger zeitlebens selber eine umfangreiche Korrespondenz ausschließlich mit Frauen. Dieser Dialog ist für ihn tragender Bestandteil seines wissenschaftlichen Werkes. Spranger betont in seinen Schriften die erzieherische Wirkung der Frau auf den Mann, die ihm als kritisches Korrektiv für

---

[110] Hoffmann, E./ Wächter, R. (1986): ebenda
[111] Spranger, E. (1951): S.7
[112] Spranger, E. (1965): S.184

das rein analytische Vorgehen der männlich geprägten Wissenschaft erscheint. Gleichzeitig begreift er sich aber auch als Frauen-Bildner[113]. Wünscht Spranger nachträglich Fröbel auch eine Erlösung aus dem männlich-analytischen Gefängnis? Spranger hat Gelegenheit – im Gegensatz zu Fröbel – jahrelang mit (akademisch) qualifizierten Frauen einen brieflichen Austausch zu pflegen. Deswegen kann er mit so großer Empathie reagieren.

Fröbel hat auch einen Briefwechsel mit Frauen – doch die Briefpartnerschaften sind nur selten gleichwertig. Ein fachlicher Dialog bleibt aus. Er will informiert werden, er erklärt und seine Briefschreiberinnen berichten ihm, bitten gar um weiterführende Erklärungen und Belehrungen.

Gemeinsam ist den beiden Männern das Bedürfnis, das sie Frauen „benötigen", um arbeiten zu können, um zu leben. Spranger will die inspirierende und ihn bildende Empfindungskraft der Frauen für sich produktiv nutzen und durch deren Integration sein Werk vollenden. Aber sie sich auch immer etwas vom Leibe halten, sie in ihrer Idealisierung als Musen, möglichst hochschätzend, in der geistigen Schwebe zu fixieren und dort festzuhalten.[114]

Was will Fröbel von den Frauen? Sex, Versorgung, Trost? Oder kann er noch etwas anderes von ihnen erhalten?

2.6.1 Albertine

Als erste „Erlöserin" aus möglicher männlicher Einsamkeit entdeckt Fröbel seine damals 18jährige Nichte Albertine[115], die älteste Tochter seines Bruders Christian.

> „Fröbel sah in ihr die Verkörperung des friedlich-häuslichen Osteroder Lebens (seines Bruders, D.K.), das ihm vorbildlich erschien, und verehrte sie leidenschaftlich, drängte aber seine Empfindungen zurück, als er bemerkte, wie Middendorff sie fesselte."[116]

Fröbel startet zwei Versuche, um Albertine in seinen Haushalt zu holen. Auf der Suche nach einer Frau, die in seinem jungen Erziehungsprojekt den gemeinsamen Haushalt führt, wird er 1817 aktiv. Er schreibt: Ich kam

> „... auf den Gedanken, den Bruder und die Schwägerin in Osterode zu bitten, mir ihre kräftige Albertine zur Stütze meines Hauswesens und zur Führung desselben zu schicken, die sich nach meiner Einsicht ganz dazu geeignet hätte. Ich hat dort einzig den Gedanken, meinem Hauswesen zu geben, was es bedürfe, mögliche persönliche

---

[113] Priem, K. (2000): S.159
[114] Priem, K. (2000): S.161f
[115] Sie stirbt 1880 in Hamburg. Vgl.: www.religio.de/froebel/ genealo/albertin.html
[116] Gumlich, B. (1935): S.XII

Beziehungen weder für die Gegenwart noch die Zukunft traten hier gar nicht in meine Seele. Die gute Schwägerin sah das anders, und statt einer erwarteten Zusage bekam ich eine unerwartet abschlägige Antwort."[117]

Was „sieht" denn die gute Schwägerin voraus für ihre Tochter? Und was vermutet sein Bruder – etwa doch zu enge persönliche Beziehungen zwischen den beiden?

Fröbel muss sich auf alle Fälle in Geduld fassen: Erst zwei Jahre später kommt Albertine – allerdings erscheint sie in Begleitung ihrer Mutter und bleibt nur zu Besuch. Vielleicht ist es kein Zufall, dass die Mutter solange wartet, denn inzwischen ist Fröbel nun verheiratet. Dennoch bleibt Albertines Wirkung auf den noch frisch vermählten Ehemann Fröbel enorm:

„Albertine kam, um in demselben Augenblick, als ich sie unsere Treppe betreten sah, tritt auch wie aus einem Meere hervor (*eine Aphrodite, D.K.*) die volle lebendige Erinnerung des ganzen friedlichen und häuslichen Osteroder Lebens vor oder vielmehr in meine Seele, ergriff, wie ich es früher unbewußt und ohne Reflektion gelebt, so unbewußt und ohne Reflektion jetzt mein Gemüt."[118]

Seine Verehrung muss bei ihr aber nicht so gut angekommen sein, denn in seinem Brief an die Keilhauer Frauen, fühlt er sich immer noch genötigt sich ihr gegenüber zu rechtfertigen – erstaunliche lange 14 Jahre später. Wofür denn?

„Möge es für immer unerörtert bleiben, wer unter den dortmals Beteiligten den tieferen Schmerz empfunden hat ..."[119]

Damit ist nichts klar – außer: Der unausgesprochen wirkliche Leidende ist damals Fröbel – in seinen Augen.

Aber weswegen, worum ging es denn? Fröbels Auskunft lautet:

„... so muss ich doch [...] herausheben, wie Du [...] durch mich den traurigen Beweis bekommen hast, wie ich [...] recht gehabt hatte, dass meine Hand, und mein Arm [...] zu schwer und ungeübt worden sei, um die zarten Knospenentwicklungen des jugendlich weiblichen Gemütes zu pflegen, und wie ich noch mehr recht gehabt hatte, eben darum nie ein erfahrungsloses, unbefangenes, jugendlich weibliches Wesen an mein Leben zu knüpfen."[120]

Das hört sich ja fast so an, als hätte das Mädchen den älteren Mann bedrängt, und er nur mühsam ihr stürmisches Verhalten hat abwehren können.

„Denn dort wo ich Dir, liebe Albertine, dort Zeichen des Nahestehens geben wollte, fandest Du die des Fernestehens; wo ich Dir die Teilnahme geben wollte, lasest Du die Anteilnahme; wo ich Dir [...] Beweise der innigsten Pflege Deines innersten,

---

[117] Gumlich, B. (1935): S.109
[118] Gumlich, B. (1935): S.115
[119] Gumlich, B. (1935): S.122
[120] Gumlich, B. (1935): S.122f

eigensten Lebens geben und reichen wollte, sahest, empfangest Du rauhe Achtungslosigkeit. Wo ich Dir in der reinsten, edelsten Absicht zur Erhebung, zum Finden und zu deiner eigenen Erklärung gern die schönsten Blumen und Früchte meines Lebens reichen wollte, da können Dich solche Mitteilungen nur drücken, Dich trüben. Doch warum Dir [...] wehetun durch Wiedervorführungen der Einwirkungen meines Lebens dortmals in das Deine, warum mir doch wirklich und wahrhaftig bei weitem mehr unverdienter- und doch, wer weiß es, auch wohl verdienterweise durch diese Vorführungen wehe zu tun? Denn das ist wahr: die Erhebung und Pflege Deines allerinnersten, eigensten Lebens ist mehr als die meines selbst, gleich dem meinen selbst dort Lebensaufgabe."[121]

Also meint Fröbel:

Meine Wahrnehmung unsrer Situation ist zutreffend *und*
Du hast mich immer falsch verstanden *und*
Deswegen bin „ich" das wirkliche Opfer. Ich bin wahrhaft schuldlos.

Er zögert keinen Moment in der ungleichen Beziehung, sich mit seinem verletzten „Ich" in den Mittelpunkt zu stellen.

Gut sechs Jahre nach der ersten Begegnung mit Fröbel heiratet sie 1826 seinen engen Mitstreiter und Freund, Wilhelm Middendorff, und will fortan mit Fröbel nichts mehr zu tun haben.

2.6.2 Emilie[122]

Nachdem sich Albertine von Fröbel abwendet, als sie als Ehefrau von Middendorff nicht länger Fröbels Belehrungen, Selbstmonologe, Welterklärungen anhören will, entdeckt er zunehmend ihre jüngere Schwester Emilie. Sie wird von ihm nun als Zuhörerin nicht nur ausgewählt, sondern er teilt eigentlich nur noch dem heranwachsenden Mädchen allein seine Gedanken mit. Sie wird von ihm zur alleinigen Zuhörerin erklärt.

Doch schon zuvor, in seinem Brief von 1817, macht er deutlich, wie sehr er sie schätzt. Entsprechend möchte er sie gerne dauerhaft in seiner Nähe spüren:

„Dein lieber Vater hat mir Hoffnung gemacht, daß Deine gute Mutter bald einmal Deine lieben Brüder und mich besuchen wird, da bitte ich Dich denn recht sehr, Deine Bitten um die Bewilligung Deiner Begleitung mit der meinigen zu vereinigen, damit es mir möglich werde, Dir wenigstens persönlich zu zeigen, wie wert mir Deine liebevolle Gesinnungen sind [...]."[123]

Gumlich beschreibt diese Beziehung so:

---

[121] Gumlich, B. (1935): S.123
[122] Sie heiratet 1831 Barop. Sie stirbt 1860 in Keilhau. Vgl.: www.religio.de/genealogo/emili.html. Stand: 20.08.2010
[123] Fröbel an Emilie (noch in Osterrode). In: Hoffmann, E./ Wächter, R. (1986): S.166f

„Alles, was ihn bewegte, muß er mitteilen; er bedurfte der Selbstaussprache mit einem innerlich verwandten Wesen. Dieses Vertrauen, dieses innige Verstandenwerden glaubt er bei seiner Nichte Emilie zu finden, die in ihrer reinen Kindlichkeit ihm andachtsvoll zuhörte, wenn er seinen Gedanken vor ihr entwickelt ."[124]

Aber kann die kindliche Emilie mit dem 22 Jahre älteren Mann „innerlich verwandt" sein? Fröbel selbst schreibt Jahre später über seine Sicht:

„So ist es die reinste, interessenloseste Freude über Emiliens Leben, die mich an ihr Leben und nur an ihr Leben knüpfte. Ich erinnere mich noch sehr bestimmter einzelner Erscheinungen, wo ich mich innig über ihre kindliche reine Freude erfreuete. Doch das Unbewußte genügt den Menschen nur in gewissen Grenzen, darum erinnere ich mich nun aber auch bald, [...] dass sie wissen möchte, ihre Freude mache auch mir Freude, ja ich ging nun wohl noch bald weiter, indem ich wünschte, dass dies Bewußtsein, mir durch ihre Freude Freude zu geben, selbst wieder für sie eine Freudenquelle werden möchte.[...] das Höchste und Schönste des ganzen Verhältnisses löste sich darin auf: das Wissen, ihre Freude bringe mir Freude, möge ihr Freude geben...

Ich sah und findet in ihr ein freudiges Kind, ein freudiges Gemüt, so teilte ich ihr freudig und gern aus meinem Kindes- und Jugendleben, was in meinem Gemüte lebte [...], und so mag ich wohl Emilien manches schon, was diese Blätter von meinem ganz eigensten Empfindungsleben (berichten), mitgeteilt haben.

Was nun Emilie in dieser Zeit mir zu lieb [...] ertragen und die hohe Kunst der Selbstüberwindungskunst geübt haben mag, wenn ich bei diesen Mitteilungen in Beziehung auf das Verständnis vielleicht weniger an sie als an mich gedacht und meinem Gemüt und Geist ungehemmt in seinen Empfindungen und Gedanken freien Lauf, freie Entfaltung, freie Gestaltung [...] ungehemmt gelassen habe, genug, ich erkennt und findet mich selbst, erkennt und findet mich und mein Leben selbst in dem klaren Spiegel ihres ruhigen, kindlichen Gemütes. Ich habe ihr dies unendlich oft ausgesprochen, ich habe ihr dies unendlich oft als den mir ganz einzig und allein bekannten, einsichtigen Grund ausgesprochen, warum mein Leben so zu dem ihren hingezogen werde, sich hingezogen fühle; doch nicht nur mich selbst finden, nicht nur mich selbst erkennen und mich in meiner ganz eigentümlichen Gestalt anschauen lernte ich in dieser so unbefangenen Hinnahme meiner selbst, nein noch etwas bei weitem für mich über allen Vergleich Höheres und Wichtigeres wird mir ja das Höchste und Wichtigste, was ich jetzt bedurfte - Jeder Mensch soll sich selbst achten [...].

Emilie nahm nun, obgleich kaum durchs Wort etwas erwidernd, sondern nur (durch) die Gesamtheit ihrer Stimmung, möchte ich sagen,[...] Mitteilungen und Leben achtend auf. So kommt mir selbst, was ich oben schon als das mir Höchste und Bedürfendste bezeichnete: allmählich steigend bewußte Selbstachtung."[125]

„Indem ich Dir ständig etwas erzähle und Du mir zuhörst, gebe ich Dir die Chance Dich darüber zu freuen, dass es Dir gelingt, mich zu erfreuen!"

---

[124] Gumlich, B. (1935): S.XI
[125] Gumlich, B. (1935): S.127ff

Diese ungewöhnliche Art von „Großzügigkeit" verortet man bei seinen Mitmenschen im Alltag schnell unter „Selbstüberheblichkeit", „Selbstgefällig" und „Egoismus pur".

Die Überbetonung der eigenen Person wird in der psychoanalytischen Literatur als eine Form der Beziehung, die keinen Unterschied zwischen Eigen- und den Interessen des (Liebes)-Objektes kennt, mit „primitiv-egoistisch" charakterisiert. Eine solche Beziehungsqualität beinhaltet mit größter Selbstverständlichkeit, dass die Wünsche des Partners mit den eigenen identisch sind. Jeder dieser fremden Ansprüche widersprechen dem Willen zur Einstimmigkeit, sind damit nicht akzeptabel und werden ignoriert oder gar bekämpft.

Die normale Phase einer solchen Liebesbeziehung fällt in eine ziemlich frühe kindliche Entwicklungsphase und wird deshalb auch primäre oder primitive Objektliebe genannt.

Für den ungarischen Psychoanalytiker Michael Balint ist diese

> „Phase unüberspringbar, eine unvermeidlich notwendige Stufe der seelischen Entwicklung. Alle späteren Relationen lassen sich aus ihr ableiten, d.h. weisen Spuren und Überbleibsel von ihr auf."[126]

Heute kennzeichnet man dieses entwicklungspsychologische Stadium der frühen Kindheit mit dem Begriff der narzisstischen Problematik. Tatsächlich erscheint der narzisstische Mensch als in sich selber verliebt, egozentrisch und egoistisch. Als Beziehungsqualität zwischen Erwachsenen gerät sie zur dauerhaften Störquelle. Die Hervorhebung dieser Eigenart lässt jedoch vergessen, dass das narzisstische Gehabe vor allem ein Symptom einer Selbstwertstörung ist. Es ist ein Leiden, der eigenen Identität nicht habhaft werden zu können, sich nicht in sich selbst sicher zu empfinden. Deswegen ist der Narzisst auf die ständigen positiven Rückmeldungen und Anerkennungen der Anderen angewiesen.

Nach Caroline von Holzhausen ist Fröbels wirklich große Frauenkrise mit dem Namen seiner Nichte Emilie verbunden. Sie heiratet Fröbels jungen Mitarbeiter und Kollegen, Johannes Barop, im Jahr 1831. Allerdings ist er zum Zeitpunkt der Heirat bereits der inoffizielle Leiter der schulischen Ausbildungsanstalt. Diese Feierlichkeit, oder besser: Diese offizielle neue Rolle „Ehefrau" eines anderen Mannes erzwingt die Einhaltung einer Distanz zu seiner Nichte, die er nun nicht aushält. Erika Hoffmann sieht Fröbels Dilemma:

> „...obwohl Fröbel die keimende Neigung der beiden jungen Menschen [...] jahrelang gefördert hatte, verzagte er vor der Forderung, die vertraute Seelengemeinschaft mit Emilie aufgeben zu müssen"[127],

---

[126] Balint, M. (1982): S.32
[127] F. Fröbel an Emilie Fröbel (18xx). In: Hoffmann, E./ Wächter, R. (1986): S.265

denn schon lange hat er sie nicht nur für sich zur Vertrauten (Zuhörerin) ersehen, sondern hat er sie sogar zur heimlichen Braut für sich erdacht?
Also ist die Frage angebracht, ist es eine „Seelengemeinschaft" oder doch eine nur „one-man-show" mit einer einzigen Zuhörerin? Hoffmann schreibt:

„Emilie hat das wohl in kindlicher Eitelkeit harmlos hingenommen, ohne sich beunruhigt zu fühlen über die vom Oheim so innig empfundene Einigung mit ihr. Sie kann sich daraus leicht lösen, während Fröbel in eine tiefe Gefühlsverwirrung geriet. Es mag wohl allen Beteiligten nicht ganz klar gewesen sein, was Fröbel hier ausfocht ..."[128]

Fröbel sieht sich nicht in Lage, an ihrer Hochzeitsfeier teilzunehmen. So schreibt er aus dem fernen Frankfurt der jungen Braut, kurz vor ihrer Heirat, eine Begründung für seine Abreise:

„Ich muss glauben und fürchten, mein Körper hätte in diesen Tagen den Forderungen des Geistes, der Seele nicht genügen können."[129]

Er gesteht ihr ein, dass ihre Heirat ihn dermaßen bestürze, dass er nicht nur nicht an dem Fest mit dabei sein könne, sondern auch gleich verreisen müsse, um nicht mitzubekommen, wie sie sich vertrauensvoll und hingebend einen anderen zuwendet. Er muss als armer Vereinsamter abreisen, und er wisse auch nicht, ob er in vier Wochen oder erst in vier Monaten wiederkomme.

Was hätte ihm passieren können, wenn er bliebe? Dass er weinen wolle, kann er im gleichen Atemzuge mitteilen. Aber er hat eine darüber hinaus gehende diffuse Ahnung hinsichtlich der weitreichenden Bedeutung dieses Ereignisses für ihn:

„... ich mir selbst kann mir nicht Kunde geben von der Seelen- oder Geister Band, Bund und Verband, in einem so großen Geister- oder Seelenbund ich mich auch verschlungen fühle und verbunden finde, ja um so weniger [ich mir] Rechenschaft geben kann, als dieser Geister- und Seelenbund mich mit seiner Allgewalt immer mehr zu erfassen scheint. Nur eines weiß ich klar und fest, und [das] kehrt als Grundthema, der Grundton meines ganzen Lebens immer wieder: Entsagung und Verzichtleistung ist mein Los. Ich bin dazu geboren, darin mit den vernichtestenden Beispielen voran zu gehen."[130]

Eigentlich meint er wohl, erneut verliert er eine junge Frau, die er sich lange zuvor zur heimlichen Seelenverwandten bestimmt hat, zu seiner Seelen-Braut. Dass sie sich nun von ihm abwendet, wie alle Frauen bisher, einer Frau, von der glaubt ihr besonders nahe zu sein (sie zu besitzen?), erschüttert und schmerzt ihn diesmal bis ins Mark. Aber wie die meisten Mädchen und Frauen aus Fröbels

---

[128] Hoffmann, E. (1982b): S.165
[129] Hoffmann, E./ Wächter, R. (1986): S.295
[130] Hoffmann, E./ Wächter, R. (1986): S.296

Liebesleben, wissen diese gar nichts von seinen Gefühlswallungen. Obwohl er sicherlich zu der einen oder anderen lange gesprochen hat; seine Gefühlslage kann er ihnen wohl nicht vermitteln. Vermutlich bleiben auch Emilie diese drängende Empfindungen ihres Onkels unbekannt. Es ist zu bezweifeln, ob er in den 18 Briefen an Emilie seine Leidenschaft mitgeteilt hat – mehr als zu einer „erotischen Chiffrierung" (Heiland) ist es sicherlich nicht gekommen. Diese glaubt Heiland auf alle Fälle in Fröbels Glückwunschschreiben in einem selbst verfassten Gedicht zum 21. Geburtstag zu entdecken:

> „Möcht' im Leben nie von Dir und Deiner Nähe weichen; Nimm mich hin, o! nimm mich Dir zu eigen.."[131]

Erika Hoffmann kommentiert Fröbels Situation und sein Verzichtschreiben an Emilie. Er ist wieder einer Gefühlsverwirrung erlegen, die ihn bei der Hochzeit von Emilie Fröbel und Johannes Barop ergriff. Zum zweiten Mal werde er gezwungen, seinen „Traum von idealistischer Einigung" mit einem weiblichen Wesen aufzugeben. Erneut leide er schwer unter diesem Verlust einer Frau, von der er glaubt, nur er könne ihr nahe sein.

Monate später, in seinem „Brief an die Keilhauer Frauen", sieht er sich genötigt, sich für diesen Brief an die 27 jährige Emilie und seiner darin geäußerten Betroffenheit wegen ihrer Heirat, zu rechtfertigen. Ahnungslos oder gar wohl überlegt hat die junge Ehefrau Emilie Fröbels Brief seiner eigenen Frau Wilhelmine zum Lesen gegeben. Dieser entscheidende Unterschied hinsichtlich des möglichen Motivs der jungen Braut bleibt völlig zu Unrecht ausgeblendet. Ist sie so naiv, dass sie nicht weiß, was sie bei Fröbels Ehefrau anrichtet oder soll es doch ein endgültiger Befreiungsschlag werden, um endlich Ruhe vor Fröbel zu haben, denn nach Heiland ist gerade zu dieser Zeit

> „Fröbels Stellung innerhalb der Fröbelschen Großfamilie [...] erdrückend dominant."[132]

Auf alle Fälle bringt die Veröffentlichung einige Unruhe in die Keilhauer Beziehungen und führt bei Wilhelmine zu eigenen Schuldbezichtigungen. Die stark verunsicherte Ehefrau

> „... beschuldigte sich selbst, die offen zu Tage getretenen Gefühlsverwirrungen verursacht zu haben, weil sie Fröbels Werbung nachgegeben hätte, obgleich sie beide gewußt hätten, dass ihre Ehe der Kinderlosigkeit wegen nicht voll erfüllbar sein würde."[133]

---

[131] www.bbf.dipf.de/editionen/froebel/fb1825-07-11-01.html. Stand: 30. Januar 2008.
[132] Heiland, H. (2004): In: Heiland, H./ Gebel, M. (Hrsg.): S.9
[133] Hoffmann, E./ Wächter, R. (1986): S.300

Ihre Erkrankung verhindert es, dass Fröbel eine „ganze" Familie hat. Man kann nicht ausschließen, dass sie hier auch indirekt auf das Tabuthema ihrer gemeinsamen gelebten oder vielmehr auf die ungelebte Sexualität hinweist. Fröbel glaubt sich deswegen in seinem Brief „An die Keilhauer Frauen" und seiner Frau gegenüber ausführlich rechtfertigen zu müssen.

„Nie warf der Gedanke Schatten in mein reines, inneres Leben, Leben zu fesseln, Gestalt zu besitzen; denn nie kommt jener Gedanke in meine Seele, noch kommt je das erstarrende Frostgefühl in mein Herz, Leben und Gestalt als nicht mir gehörig zu vermissen. Darum kostete es mich gar keinen Schmerz und nicht ein leises Überwinden, Leben und Gestalt willig hinzugeben, und ich gibt mit himmelsklaren und freudigem Engelsgemüt beides hin, als"[134]

deutlich wurde, dass es zwischen Emilie und Johannes Barop ordentlich funkt.

Von diesem Augenblick an, wo Fröbel merkt, dass er nicht mehr der Einzige bei Emilie ist, zieht er sich – verstummend – auf eine distanzierte Onkelrolle zurück. Und wie ergeht es ihm?

„Doch des Lebens und des Gemütes Trennung ertrug dort noch mein Leben und mein Gemüt nicht. – Warum? O, jetzt ist es mir wohl klar! [...] Ich kann nie mein Leben und Wirken so gefesselt und eingeengt ansehen. Dies würde mein Leben und Wirken augenblicklich töten, wie es wirklich mein Leben und Wirken augenblicklich erstarren macht, da wo eine solche Ansicht meines Lebens und Wirkens nur augenblicklich eintritt. Nein, ich meine kühn [...] es anders zu meinen: ich meine, um aller und jedes einzelnen im Kreise willen ich jene Trennung des Lebens, meines Lebens vom Leben, jene Trennung des Gemütes, meines Gemütes vom Gemüt, d.i. von ihrem Leben und Gemüte nicht ertragen"[135]

Was ist aus diesen Sätzen leicht herauszulesen? Enthält nur der letzte Satz die Wahrheit: Er kann die Trennung nicht ertragen. Eigentlich muss ihm klar geworden sein, dass ihre Heirat ein doppelter Verlust für ihn beinhaltet, für den er letztlich selbst verantwortlich ist. Durch sein langes Zögern und sein Nichtstun, um stattdessen selbst schon vor langer Zeit offen um die Gunst von Emilie zu werben, verliert er nun endgültig seine Nähe zur jungen Nichte. Jedenfalls interpretiert Scheveling so eine Bemerkung Fröbels.

„Ich achtete das weiblich jugendliche Leben viel zu hoch, als daß ich es hätte in seiner Unerfahrenheit und Gutmütigkeit an mein Leben so vielfach zerdrücktes Leben binden und so durch meine Schuld die schönsten [...] Entwicklungen desselben stören und gar gänzlich hemmen sollen."[136]

---

[134] Gumlich, B. (1935): S.131
[135] Gumlich, B. (1935): S.132
[136] Scheveling, J. (1965): S.110

Für Scheveling hat er bei diesen Worten ganz klar an die 22 Jahre jüngere Emilie gedacht.

Fröbel eilt bereits zwei Monate vor der Hochzeit nach Frankfurt und kehrt auch erst etliche Monate später – für kurze Zeit und nur übergangsweise – nach Keilhau zurück (von Nov. 1832 bis April 1833).

Bei dieser weitgehend bekannten Fröbel-Emilie Perspektive kommt dagegen ein anderer Entwicklungsaspekt der Keilhauer Gemeinschaft nicht angemessen in den Fröbelbiografien zur Geltung: Fröbel verlässt eben nicht überraschend Keilhau, wie es immer wieder gern dargestellt wird.[137] Er reagiert in keiner Weise spontan auf die herannahenden Hochzeitsfeierlichkeiten. Entsprechend ist das Folgende herauszuheben: Barop wird 1830 (kommissarischer) Leiter der Keilhauer, und er stellt 1831 selber Kontakt nach Frankfurt zu der Familie Holzhausen her. Also, als er weiß, dass er bald heiraten wird. Kurz vorher klärt er noch ab, ob Fröbel im fernen Frankfurt als Gast willkommen sei. Das Besondere daran ist, Fröbel ist jahrelang nicht mehr dort zu Besuch gewesen bzw. der Kontakt zur Frankfurter Familie ist eingeschlafen. Barop muss ihn mit der Nase darauf gestoßen haben, „...dann fahr doch 'mal zu den Holzhausens!" Also bereitet Fröbel sogar selbst seine Ankunft in Frankfurt vor. Er schickte Caroline v. Holzhausen seinen Lebenslauf, um sich wieder genauer in ihr Gedächtnis zu bringen. Auf alle Fälle ist seine Nichtteilnahme an der Hochzeit geplant und vorbereitet, wenn nicht sogar von Barop gefordert.

Und im Hause seiner Frankfurter Gastgeber lernt er dann (auf Initiative seiner Gastgeber) den Schweizer Baron von Schnyder kennen, der ihn anschließend in die weit entfernte Schweiz schickt. Dort soll er auf seinem kleinen Gut eine Privatschule aufbauen. Diese Angebot nimmt Fröbel tatsächlich auch an.

Sind hier Reise und Bekanntschaft bloße Zufälle oder nicht doch geplant, um Fröbel fern zu halten von Keilhau, fern von Emilie? In dieser Zeit der Trennungs- und Distanzierungsprozesse wird zudem Fröbel klar, dass von seiner Beziehung zu Caroline auch nichts mehr übrig bleibt, geblieben ist (oder gar nie was wirklich war).

Im März 1831 enteilt Fröbel dem Keilhauer Kreis oder er wird – was nun wahrscheinlicher erscheint – von Barop hinauskomplimentiert. Kein Wunder, dass das Verhältnis zwischen den beiden von nun an dauerhaft „erkaltet" ist – aber beide bleiben dennoch ebenso dauerhaft aufeinander angewiesen.

Eine weitere „Sonderbarkeit", eine Widersprüchlichkeit im Umgang miteinander, stellen Hoffmann/Wächter im sich entfaltenden Beziehungsgeflecht zwischen den Familien Barop und Fröbel fest.[138] Als Fröbel einige Jahre später die Schweiz verlässt geht Barop dorthin und führt die Arbeit weiter. Dafür wohnt

---

[137] Heiland, H. (2003): S.246
[138] Hoffmann, E. (1982a): S.207

Fröbel vom November 1832 bis April 1833 in Keilhau. Am 27. Januar 1833 wird Emilie's und Barop's Sohn geboren. Wilhelmine hat zuvor noch die offizielle Rolle der Taufpatin übernommen. Doch als die Taufe vollzogen wird, halten sich beide kurzzeitig in Berlin auf. Wieder stellt sich die Frage: Werden beide ausgeladen oder sind diesmal beide ausgewichen? Für Fröbel ist seine eigene Taufe immer ein ganz bedeutendes Ereignis gewesen. Für die Keilhauer Zöglinge schreibt er anlässlich ihrer Konfirmation deswegen einen langen Brief, in dem er seine Taufe hinsichtlich der Bedeutung in seinem Leben ausführlich interpretiert.

Nun taucht er nicht mit seiner Frau zur Tauffeier bei seiner Nichte Emilie auf, obwohl seine Frau sogar Patin des Kindes ist.

Bei der Geburt des zweiten Kindes (1835) wiederholen sich Einladung und das Nichterscheinen. Diesmal ist Fröbel selbst der Tauf-Pate, der allerdings ebenfalls nicht erscheint.[139]

Was brodelt da zwischen den Familien? Fröbels Programm der „Familieneinigung als Lebenseinigung" rückt hier durch seine eigene Beziehungsrealität überraschende in eine bloß imaginierte Realität.

2.6.3 Elise[140]

Doch nun zur dritten Nichte, Elise, der kleinen Schwester von Albertine und Emilie. Löste sich die Eine aus Fröbels Reichweite, nähert sich Fröbel der nächst jüngeren Schwester.

Sie wird, kaum dass er in der Schweiz flüchtet, um Emilie fern zu sein, ihm die liebste Briefpartnerin. Sie erhält von ihm von nun an häufig Briefe,

> „... obwohl sie auf seine Gedanken nicht einging und ihn wohl kaum verstanden haben dürfte..."[141]

So schreibt er der 17 jährigen im September:

> „Ich bin einsam, bin einsam, mit meinem Leben, mit meinem Gemüt, und mit meinem Idealen, mit meiner Seele voll Leben und Sehnsucht nach Leben bin ich allein im Leben!"[142]

Hierzu gibt es auch einen vorsichtigen Hinweis von einem geisteswissenschaftlich geprägten Pädagogen und Frauenbewunderer. Diesmal ist es nicht

---

[139] Hoffmann, E. (1982a): S.208
[140] Sie stirbt 1880 in Gumperda. Vgl.: www.religio.de/genealogo/elis.html. Stand: 20.8.2010
[141] Heiland, H. (1982): S.92
[142] Heiland, H. (1982): ebenda

Spranger, sondern Hermann Nohl äußert, Fröbels Briefe aus der zweiten Jahreshälfte von 1835 zeigen

> „... wie nun alle großen Gefühle seines Lebens von weither in ihm wach werden, und Elise ihm noch einmal Ariadne werden soll..."[143]

Um zu verstehen, was Nohl mit diesem Hinweis gemeint haben könnte, eine kurze Erinnerung. In der griechischen Sage ist sie die Tochter des Königs Minos von Kreta. Sie gibt dem Helden Theseus das Garnknäuel, mit dem er aus dem Labyrinth zu Knossos herausfand (der berühmte Ariadnefaden). Nachdem er den Minotaurus getötet hatte, flüchteten sie – aber nicht allzu weit und Lange, denn Theseus lässt sie auf der Insel Naxos sitzen.[144]

Heiland geht auch davon aus, dass Ariadne die Frau und das Mütterliche (nicht Weibliche!) symbolisieren, deren „Gemüt" (bildlich das Wollknäuel), den orientierungslosen Mann durch das „Labyrinth des Lebens" (Heiland) sicher geleitet. Was wollen die Herren Nohl und Heiland damit andeuten: Sucht Fröbel eine selbstlose Helferin, nach einer klugen Frau, die ihm zwar Fluchtwege aufzeigen konnte, die er dann allerdings sitzen lassen kann? Sind für Nohl und Heiland Frauen besonders geeignete Fluchthelferinnen – gut für die dunkle Vorarbeit, weniger gut, wenn es gilt, sich mit ihnen im hellen Lichte gemeinsam zu präsentieren.[145]

---

[143] Nohl, H. (1931): S.485

[144] Theseus gilt als Abenteurer, das Motiv seiner Heldentaten war, er wolle es seinem Vetter Herakles gleichmachen. Er ist nicht streitsüchtig, sondern wollte sich nur an all denen rächen, die es wagten, ihn zu belästigen. Damit man ihn belästigen konnte, mußte er allerdings auf Reisen gehen und sich zeigen. Meistens sind es dann ausgewiesene Bösewichter, die sich ihm in den Weg stellten. Quelle: Ranke-Gravers, R. (1984): S.297. Warum Theseus die schlafende Ariadne an der Küste zurück ließ bleibt ein Geheimnis. Auf alle Fälle segelte er neuen Abenteuern und Jungfrauen entgegen (S.309).
Es gibt aber noch eine andere Version von Ariadne und Theseus. Auf der nachfolgenden Seereise ist sie bereits schwanger und aus Rücksicht setzt er sie an Land. Doch bei der Geburt starb sie, verübte Selbstmord oder wird ermordet. In beiden Geschichten fordert Mütterlichkeit für Helden eine hohen Preis von den Frauen (a.a.O., S.310).

[145] Hier zeigt sich Nohls Verständnis vom Verbrauch fraulicher Energien für das eigene Fortkommen: Anhand des von Hermann Nohl und Ludwig Pallat herausgegebenen mehrbändigen „Handbuchs der Pädagogik" (1928-1933) arbeitet Angelika Schaser heraus, dass Nohl im Handbuch „eine bis in die Gegenwart wirkende Kanonisierung der `pädagogischen Bewegung in Deutschland` vornahm" (S.203). Die Frauenbewegung wird mit keinem Wort erwähnt, obwohl Vertreterinnen der Frauenbewegung am Handbuch mitgearbeitet hatten. Trotz des großen Erfolges, gerade des von Frauen mitverfassten 5.Bandes zur Sozialpädagogik, „brachte Nohl das Kunststück fertig, für seine Darstellung der Jugendpflege und der sozialpädagogischen Ausbildung eine genuin männliche Ahnenreihe aufzustellen" (S.203). Mit seiner Darstellung der pädagogischen Bewegung in Deutschland begründete Nohl eine bis heute wirksame Traditionslinie, die die

Wie geht die Geschichte mit Elise und Fröbel weiter?

„Während Emilie ihm gleichsam als Kind seines Geistes tief an Herz wuchs, scheint ihn merkwürdig wenig mit ihrem damals sechsjährigen Schwesterchen Elise zusammengeführt zu haben. Sie tritt erst mehr hervor, als Fröbel in Wartensee eine Wirtschaftsführerin braucht und nun die Keilhauer Freunde bittet, ihm Elise dafür zu überlassen. Am 3.August 1832 teilen ihm die Freunde mit, dass ihre Entsendung beschlossen sei [...]. Der Plan kommt aber damals noch nicht zur Verwirklichung, am 15. April übersiedelte die Anstalt von Wartensee nach Willisau und Fröbels Gattin übernahm die Aufgabe."[146]

In einem Brief vom 24. August 1832 schreibt Middendorff, wenn nicht einmal Wilhelmine Fröbel in die Schweiz zur Unterstützung ihres Mannes gehen wolle, müsse erst recht **nicht** die junge Elise dort hingeschickt werden. Dieser Brief wird aber nicht an Fröbel geschickt, sondern an seinen neuen adligen pädagogischen Mitinteressenten für die Gründung einer Erziehungsanstalt, den Musiker und Komponisten Baron Schnyder von Wartensee, den Fröbel in Frankfurt kennen gelernt hatte.

Warum erhält nicht Fröbel selbst diese Absage von seiner Keilhauer Gruppe?

Erst einmal ist es schon erstaunlich, dass Fröbel sich zu allen drei Nichten so hingezogen fühlt. Sind es so beeindruckend andere junge Mädchen und Frauen? Oder liegt es nur einfach an ihrer Jugend oder beinhaltete ihre alltägliche und damit selbstverständliche Nähe für Fröbel die einzigen Möglichkeiten überhaupt längeren Kontakt zu jungen Frauen herzustellen? Der Gedanke, dass diese Töchter beeindruckende Persönlichkeiten gewesen sein könnten, ist nicht völlig von der Hand zu weisen, denn eine andere junge Frau, wusste im Jahr 1848 zu mindestens über Elise zu berichten:

„Recht warm wird es mir ums Herz, als Elise Fröbel erschien. Wie heiter und liebevoll blickte sie uns an, wie tätig und frisch scheint sie hier zu wirken [...].
Elise Fröbel wird mir immer lieber, sie macht auf mich den Eindruck, als könnte man sich auf sie stützen [...]Auch meine herrliche Elise hat so viel zu schaffen in Keller und Küche, in Waschhaus und Garten. Wie schade, dass sie nicht mehr unter den Knaben und Lehrern sein kann! Sie hat eine Sicherheit, einen Takt, mit allen in rechter Weise zu verkehren, und jeder freut sich, wenn sie einmal eine Stunde mit ihrer Handarbeit oben ist. Man fühlt in ihrer Nähe so etwas wohltuendes, einen gewissen schönen Einfluß auf alle..."[147]

---

bahnbrechenden Publikationen und pädagogischen Einrichtungen der Frauenbewegung einfach ausschloss. (Elke Kleinau über die von Schaser vorgelegten Doppelbiographie über Helene Lange und Gertrud Bäumer. In: Historische Bildungsforschung Vgl.: http://www.fachportal-paedagogik.de/hbo/hbo_set.html. Stand: 24.02.2010).
[146] Nohl, H. (1931/32): S.484f
[147] Henriette Schrader-Breymann zitiert nach Lyschinska, M. (1922a): S.55, 60ff

Bei der Klärung der Beziehungsphantasien von Fröbel mit der jungen Elise lässt Hoffmann leider die wichtigen Hinweise ungeklärt.

> „Fröbel sucht bei der Nichte Elise eine ähnliche Einigung der Seelen wie früher bei Emilie; aber die bescheidenen Elise gibt in ihrer kindlichen Gelassenheit keinen Raum für solche komplizierten Gefühle, wie es ihre einfachen kleinen Briefe beweisen, die in freundlichem Unverständnis beharren. Das mag Fröbel um so tiefer in Unruhe und „Lebenskampf" getrieben haben; die Notizen in seinem Taschenkalender von 1835 bezeugen einen solchen."

Und diese herrliche Elise rackert viele Jahre auf dem Pädagogen-Hof bis sie in den Hafen der Ehe als (sehr) spätes Mädchen einläuft. So findet sich bei Heinrich Bergner der schmale Hinweis:

> „Mit diesem schönen und klugen Mädchen vermählte er sich am 27. Dezember 1850."[148]

Gemeint mit „er" ist Siegfried Schaffner, der als junger Mann die wesentlich ältere Elise heiratet – oder sie ihn. Ein Altersunterschied von 15 Jahren ist für die damalige Zeit schon sehr ungewöhnlich – wohlgemerkt sie ist die Ältere. Sie muß lange auf einen so gut gebildeten und mutigen Mann – trotz seiner Jugend – warten. Als Lehrer weiß sich Schaffner schnell eine anerkannte Stellung zu verschaffen. Im Unterricht fesselt er die Schüler durch seinen klaren, begeisternden Vortrag und als Person durch seine liebenswürdige Art.

Doch diese Beziehungsgeschichte weist noch eine Parallele zur Beziehungsgeschichte mit Emilie auf. Jahre später weigert Fröbel sich, an der Hochzeitsfeier von Elise teilzunehmen. Er schreibt Middendorff:

> „Elise nimmt einen Mann darum kann ich nicht kommen; und das Christfest nimmt mich in Anspruch darum kann ich nicht kommen. Es gibt jetzt andere hohe Zeiten zu feyern als eine Hochzeit[.] Es gibt andere Lichter anzubrennen als Wachslichter."[149]

Hilfreich zur Klärung Fröbels Nichtenbeziehungen wären Hinweise, was die betroffenen „jungfräulichen Wesen" selbst zu sagen hätten. Wieso gibt es diese Missverständnisse zwischen den beiden? Ebenfalls ist der Frage nachzugehen, inwieweit bei den häufig festgestellten erotischen Empfindungen seinen Nichten gegenüber, hier die phantasiegesättigten inneren Bilder der BiografInnen, statt Fröbels eindeutige Hinweise in seinen Briefen und Tageblättern, in den Vordergrund treten.

Die andere Frage ist, nach der Realität der Erotik Fröbels zu seinen Nichten zu forschen. Was spielte sich denn da zwischen ihnen ab, kommt es zu einer

---

[148] Quelle: Neue Keilhauer Blätter 4/1999, zitiert nach Fritz Henning.
[149] Fröbel schreibt Middendorff einen Brief, in dem er seine Absage mitteilt. www.bbf.dipf.de/editionen/froebel/fb1831-05-13-01.html. Stand: 30. Januar 2008.

sinnlichen Vermischung der aufgeheizten Leiber? Oder können sich die Interpreten von Hanschmann bis Heiland die Beziehungen eines älteren Mannes zu „blutjungen" Mädchen nur in erotischen Qualitäten nachempfinden. Aus der Sicht des Mannes mögen derartige Begegnungen ja nur so vorstellbar zu sein.

Heiland bleibt sich auch noch 2004 sicher, Erotik ist für Fröbel kein Fremdwort, sondern eine realisierte Praxis.

„Bis 1826 hat Fröbel eine deutliche Beziehung zu Albertine, in den folgenden Jahren dann zu Emilie."[150]

Merkwürdig finde ich die Beziehungsbeschreibung, die in diesem Kontext Heiland vornimmt: Fröbel hat eine Beziehung **zu**.... Ich nehme bis heute dagegen an, eine erotische gar sexuelle Beziehung stellt sich **zwischen** Menschen her. In der Tonlage von Heiland klingt in unseren Ohren ein deutlicher Machtaspekt. Mann nimmt sich das, was er braucht. Oder entspricht seine Beschreibung tatsächlich der damaligen Keilhauer Beziehungsrealität im Kreise der Freunde, Mitarbeiter und weiblichen Verwandten? Aus den Berichten von Henriette Breymann hat man dagegen den Eindruck gewinnen können, in Keilhau gäbe es gleichermaßen offene, respektvolle und freundliche Beziehungsformen auch zwischen Männern und Frauen.

Wahrscheinlich ist es nicht zufällig, dass erst eine andere Frau, Erika Hoffmann, in dieser Hinsicht auf einige überraschende Reaktionen der Nichten als späteren Ehefrauen hinweist.

Die jüngste Nichte, Elise, kommt zwar doch noch in die Schweiz, freilich mit dreijähriger Verspätung. Doch sie kommt nicht allein, sondern in Begleitung von Middendorff und beide bleiben vier Jahre in der Schweiz. Middendorff bleibt die vier langen Jahren dort, ohne auch nur einmal seine Familie zu sehen. Seine Frau, Albertine, weigert sich entschieden, Keilhau mit ihren Kindern zu verlassen — mit Fröbel will sie selber nichts mehr zu tun haben.[151]

Für Fröbel wird das Kommen ihrer jüngeren Schwester, Elise; allerdings bedeutungslos, denn inzwischen ist seine Frau schon lange da, und er ist bereits wieder im Begriff – mit ihr zusammen – die Schweiz zu verlassen. Statt seiner kommt nun Langethal (1836) mit Familie, und dieser nimmt den Abschied aus Keilhau zum Anlass, um dauerhaft in der Schweiz zu bleiben. Für Langethal wird es ein langjähriger Ausstieg aus dem gemeinsamen Projekt mit Fröbel. So verbringt Fröbel mit Ehefrau den Winter wieder in Keilhau. Dort bleibt er – mit einigen Unterbrechungen – für einige Monate. Wohlwissend, dass der in fernen Schweiz agierende Barop die finanziellen Verhältnisse wieder richten soll – und Barop gelingt es.

---

[150] Heiland, H. (2004): S.9
[151] Lange, W. (1869): S.19

Hier zeigt sich auch ein eigenartiges Missverhältnis von Fröbels Theorie der „geeinten Familie" und seinem praktischen Wirken auf die ihm nahestehenden Familien. Er trägt in außerordentliche Weise dazu bei, dass gerade die Männer sehr lange von ihren Frauen getrennt sind, und die Kleinkinder lange Zeit ohne ihre Väter aufwachsen müssen. Ist es da ein Wunder, dass die alleingelassenen Ehefrauen ihm sein spaltendes Wirken dauerhaft übel nehmen – wohl kaum.

2.7 Wenn nicht Liebe – dann wenigstens Geld

In der Geschichte „Elise soll zu mir in die Schweiz" gibt es eine Wendung, die alle Biografen missachten. Kaum in der neuen Schweizer Wirkungsstätte angekommen, fordert Fröbel für die Führung seines Haushaltes, dass seine jüngste Nichte, die siebzehnjährige Elise, zu ihm kommen solle. Sie kommt aber nicht – denn die widerspenstige Mutter will erneut nicht eine ihrer Töchter einfach an Fröbel übergeben. Stattdessen reiste zuerst der frisch vermählte Ehemann und Vater, Johannes Barop, an. Warum, wieso? Man kann nur einen sehr knappen Hinweis bei Lange finden, der aus einem Brief von Barop zitiert:

> „Dort (in der Schweiz, D.K.) hat Friedrich und Ferdinand Fröbel eine Zeit lang gehaust und gearbeitet, als ich (B.) von den zurückgebliebenen Mitgliedern des Erzieherkreises aufgefordert wurde, mich genau von dem Stande der Dinge in der Schweiz an Ort und Stelle zu unterrichten." [152]

Der junge Familienvater bleibt dann dort und ist so über ein Jahr von seiner schwangeren Frau getrennt und erlebt auch nicht die Geburt seines ersten Kindes (Sohn). Macht er das freiwillig, ist es Sorge um Fröbel und um dessen jungen Neffen Ferdinand oder wollen die Zurückgebliebenen sich vor Fröbels hochfliegenden Ideen und den möglichen finanziellen Folgen, die dann alle zu tragen hätten, schützen? Diese Sorge ist nicht nur in der mangelnden ökonomische Stärke der eigenen pädagogischen Institution begründet. Zu der Zeit wankt ihr eigenes Erziehungsprojekt am Rande des wirtschaftlichen Ruins. Hatten sie inzwischen Kenntnis über die ebenfalls schwache finanzielle Situation des Kompagnons Fröbels, Baron Schnyder von Wartensee? Müssen sie nun in besonderer Besorgnis sein, wenn zwei ökonomische Phantasten ein Projekt auf die Beine stellen wollen?

Ungenaues Schönreden der Situation erfolgt durch Gumlich, der einen Beweggrund der Reise von Barop anführt:

> „Auf Fröbels Ruf eilte er im Herbst 1832 in die Schweiz"[153].

---

[152] Lange, W. (1966): S.7
[153] Gumlich, B. (1935): S.154

Heiland betont in der Begründung für die Ankunft Barops den zweckmäßigen Charakter dieser Reise.

„Barop reist im Herbst nach Wartensee und führt die Verhandlungen [...] zu einem erfolgreichen Abschluß"[154].

Einen weiteren Hinweis über die Motivation Barops bzw. über die „Einigungssituation" mit dem flüchtigen Fröbel findet sich in seinem Brief vom Oktober 1832 an den Keilhauer Kreis. Ich zitiere diesmal etwas ausführlicher:

„Ihr habt aus Eurer Mitte ein, wohl nach allen Seiten der menschlichen und bürgerlichen Verhältnisse hin lebendig verknüpftes Glied Eurer Gemeinsamkeit: einen Sohn, Bruder, Gatten, Vater, Neffen, Vetter, Freund, Erzieher, Lehrer, Mitarbeiter, Haus- und Lebensgenossen, Staatsbürger usw. als Gesandten von Euch zu mir [...] geschickt. Er kommt in Euer aller Namen und mit Eurer aller vollem Vertrauen. Es (er ? D.K.) kommt auf meinen Vorschlag und nach meinem Begehr...

In Beziehung nun auf diese meine ewige, sich darum auch in alle Ewigkeit nur klärend fortentwickelnde, nie aber schwächende oder gar schwindende Überzeugung und innere Ansicht habe ich nun äußere Forderungen an Euch, nicht etwas neu zu machen oder neu dar- und vorzulegen, sondern nur die schon gemachten mit klarer Bestimmtheit zu wiederholen und mit Festigkeit nochmals auszusprechen. Ich lasse jede meiner sonst [..] an Euch in Beziehung auf Wartensee gemachten Forderungen und Vorschläge für jetzt, auch wohl überhaupt, fallen, [...] und bleibe hier nur bei der einen, bei der Forderung stehen, welche ich in pekuniärer Hinsicht an Euch machen muß ; Ihr habt solche mir und uns nicht erfüllt...

Statt Erfüllung nun dieser, Euch von mir bestimmt und wiederholt ausgesprochenen und klar in ihrer Notwendigkeit nachgewiesenen Forderung bringt mir nun Euer Bote und unser Freund Briefe und Gaben von meiner Gattin [...] mit.

Als könnte jene Gabe der [...] Gattin an mich [...] , die ökonomischen und Geldforderungen, welche ich wegen Wartensee an Euch zu machen genötigt bin und ist verringern und vermindern...

... dies (ist, D.K.) das dritte und letzte dieses meines Briefes, meiner Zuschrift an Euch mit Klarheit und Bestimmtheit zu sagen: – die durch meine Gattin empfangenen Gabe ist mir [...] von meiner Lebensführung und meinen Lebensschutze, meiner Lebenspflege gereicht - und vermindert daher die an Euch in Beziehung auf Wartensee von mir gemachten Forderungen nicht im mindesten...

Ich darf darum von dem mir von [...] Gattin gewordenen Gelde nicht das Mindeste zu einem anderen Zwecke als dem Euch angedeuteten, also um so weniger auch irgend etwas zur Minderung der Forderung verwenden, die ich Euch schon wiederkehrend klar vorgelegt habe; diese Forderungen müssen auf das Vollkommenste von Euch und aus Eurer Mitte und durch die Euch zu Gebot stehenden Mittel erfüllt werden."[155]

---

[154] Heiland, H. (1982): S.85
[155] Friedrich Fröbel (1832): Brief an die Keilhauer Frauen, Oktober. In: Halfter, F. (1926): S.86-90

Es erscheint erlaubt, die Fröbelsche Sicht der Situation so zusammenzufassen:
Fröbel empfindet die Hochzeit von Emilie als ganz persönliche Kränkung, die er nicht aushält und eilt nach – bzw. wird geschickt nach – Frankfurt. Im Hause der Familie von Holzhausen trifft er durch die Vermittlung der adligen Hausdame auf den pädagogisch interessierten Baron und ergreift die Chance auf dem kleinen Gutsbesitz des Barons, in der Schweiz, zu arbeiten. Dort verlangt er erst die Mithilfe seiner jungen Nichte, die aber nicht kommt. Dann fordert er Geld aus Keilhau an, was ihm allerdings nicht zugebilligt wird, denn die dortige Gemeinschaft ist schon verschuldet und verfügte über keinerlei freie Geldmittel. Selbst seine Frau unterstützt seine finanzielle Forderung an die Keilhauer nicht. Sie lehnt ein weiteres Schuldenmachen sogar als „ehrenrührig" ab, vermag aber ihre alte Mutter zu einem neuen (!) persönlichen Opfer zu bewegen.[156] Fröbel ist es einerseits egal, von wem er das Geld erhält. Dafür kommt aber zusätzlich Barop, der prüfen soll, was Fröbel mache bzw. wozu er denn das Geld brauche. Das Geld, das Fröbel von seiner Frau (genauer: von der greisen Schwiegermutter) erhält, will er jedoch andererseits nicht mit seinen Forderungen an die Gemeinschaft „verrechnen" und besteht weiterhin energisch auf seine Geldforderungen gegenüber der Keilhauer Gruppe! Von daher könnte ein Grund für Barops Reise sein, als Geldbote tätig zu sein: Er bringt das schwiegermütterliche Geld und zugleich die Mitteilung aus Keilhau, „von uns kommt kein Geld!".

Drei Motive für Fröbels Insistieren auf die Geldzahlung lassen sich erkennen:
Wenn Fröbel nicht die Braut behalten darf, will er wenigstens mit Geld „entschädigt" werden? Den Liebeslohn erhält hier der Verschmähte – aber von wem: Direkt von seiner Schwiegermutter! Hat hier seine Frau den Versuch unternommen, ihn durch die Geldzahlung zu beruhigen und wenigstens von der Forderung abzubringen, seine Nichten anzufordern? Ist dieses finanzielle Trostpflaster auch für Fröbels Frau von beruhigender Wirkung? Ist ihre Bereitschaft, ihre Mutter erneut finanziell einzubinden, geprägt von einem Schuldeingeständnis, das sie als Frau gegenüber ihrem Ehemann nicht „frau" genug war. Leistet sie hier indirekt ein Strafgeld für ihr eigenes unzureichendes Leben als Ehefrau ab? Schließlich ist Fröbel nicht nur wegen Emilies Verwandlung zur Ehefrau aus Keilhau geflüchtet, sondern auch von der eigenen Ehefrau weggelaufen.

Bei dieser Geschichte zeigt Halfter eine überraschende Großzügigkeit im Umgang mit Fröbels Brief. Halfter sieht in Fröbels finanziellen Forderungen nur die als eines „vorlebenden Verkünders", der das gemeinsame Opfers im Dienste

---

[156] Halfter, F. (1926): S.4f

des Ganzen sehen will. Damit stellt Halfter in seiner Großzügigkeit den Brief in einen verfälschenden Kontext, wenn er jegliche Beziehungsdynamik schlicht verleugnet.

Einerseits schreibt Halfter.

„Man mag auch wohl die Haltung Fröbels in ökonomischen Fragen mit Wilhelminens Bedenken begleiten, mag es fernerhin bedauern, dass der Schreiber des Briefes in der Freude über den eigenen Fortschritt auf seiner Ideenbahn ganz den Maßstab für die geringen äußeren Erfolge verlor, denn die wirkliche Aufnahme seiner Ziele läßt auch in der Schweiz vieles, um nicht zu sagen Alles für Fröbel zu wünschen."[157]

Andererseits begreift er Fröbel:

„Es scheint, ein großer Ideenkämpfer muss bis zu einem gewissen Grade nachtwandlerisch voranschreiten, damit er überhaupt Mut behalte zum Vollenden. [...] fortreißend versteht Fröbel mit der selbstlosen Hingabe an eine überpersönliche und überzeitliche Idee beides. Ideenfreiheit zu fordern - und zu gewähren....

Im Sinne der Arbeitsteilung des bereits vorhandenen Organismus wälzt der geistige Führer die Beschaffung der äußeren Mittel rücksichtslos seinen Keilhauer Mitarbeitern zu, aber es geschieht im strengen Gefühl einer überpersönlichen Verbundenheit zu solchem Verhalten als Führer..."[158]

Barop soll auch mit Fröbels Einverständnis die finanzielle Situation in der Schweiz durch Verhandlungen mit Gläubigern bereinigen. Seine Begründung für seinen „natürlichen" Anspruch auf die Geldzuwendung, den er als Führer nun mal habe:

„Ich habe so dem Geiste, dem Streben, dem Samen Eures (!) Lebens [...] ein natürliches Klima, einen natürlichen Himmels- und Erdstrich verschafft, in welchem es zunächst wenigstens gedeihen und wachsen kann".[159]

Er begreift sich als Vater, Lehrer und Priester, der selbstverständlich die individuellen und religiösen Bedürfnisse seiner Keilhauer Getreuen erkennt. Er hat den spirituellen Acker vorbereitet, auf dem ihre geistigen, pädagogischen Bedürfnisse gedeihlich wachsen können. Halfter sieht den hohen Führungsanspruch Fröbels und erkennt auch den nicht-realen Bezug, bleibt aber verständnisvoll:

„Das Befremdliche seines Wesens, sein Demütig-Forderndes, Herrisch-Dienendes, darf nicht länger als menschliche Grenze bedauert oder nachsichtig übersehen werden. Da lehrt uns das Sendschreiben, dass Fröbel selbst eine Entschuldigung als mattherzige Verkennung zurückweisen würde. Vergleiche die Worte: 'Ich kann und darf, soll und muß, will so handeln und handle so'"[160].

---

[157] Halfter, F. (1926): S.5f
[158] Halfter, F. (1926): S.6f
[159] Halfter, F. (1926): S.10
[160] Halfter, F. (1926): S.11

Fröbel glaubt, klarer als alle Mitlebenden die Stimme des Weltenlogos zu verkünden. So wird er zum Logos-Propheten der Lebenseinigung aus mystischer Quelle. Ein Prophet gibt Hinweise auf die Zukunft und fordert das „richtige" Tun. Unbeirrbar hält er dieser an seinen Wahrsagungen fest und lässt über den tiefen Grund seiner Wahrsagungen nicht mit sich verhandeln. Für Halfter

> „Ist in Fröbels Persönlichkeit der Typus des religiösen Mystikers unverkennbar, so teilt er mit allen geschichtlichen Gestalten dieser Art auch die Auffassung des irdischen Todeserlebnisses als Führer zum wahren Leben. Beide Briefe zeugen davon. Die Erinnerung an den Tod der Mutter beflügelt den Propheteneifer im Sendschreiben..."[161]

Der 50jährige entwickelt verbalen Schwung im Augenblick, als ihn die harten ökonomischen und beziehungsmäßigen Kämpfe stark bedrängen. Durch die räumliche Distanz zu Keilhau und sein Nicht-Verstandenwerden selbst im engsten Kreise der Seinen, drängt es ihn zunächst zur Niederschrift seiner inneren Überzeugung, entfacht sein Prophetenmut neu:

> „... seinen Selbsterziehungsweg als Heilsweg für die ganze Menschheit erfüllen zu müssen".[162]

So nimmt es denn auch kein Wunder, dass Fröbel gar Jesu als seinen persönliche Seelenfreund begreift und über diese Seeleneinigung lässt sich ahnen, welchen Platz Fröbel sich selbst im göttlichen Erziehungsgang des Menschengeschlechtes als gerechtfertigt für sich in Anspruch zu nehmen glaubt – ganz oben.

2.8 Der stumme Widerstand der Keilhauer Frauen

Fröbels ferne Anteilnahme insbesondere für die (acht) Kinder von Emilie Barop sollen nach Heiland den Hintergrund für seine zunehmende Beachtung der mütterlichen Tugenden und sein theoretisches Interesse zu Fragen hinsichtlich der Entwicklungs- und Erziehungsproblemen in der frühen Kindheit bilden. So schreibt Fröbel während seines ca. 14 monatigen erstmaligen Aufenthaltes in der Schweiz viele Briefe. Nach Heiland sind es 336 Briefe mit 2021 Seiten Umfang[163] – auch an die junge Ehefrau – zum Thema Kleinkindererziehung. In diesen Jahren verfasst er für den Keilhauer Kreis ca. 101 Lehr-Briefe. Nach Ansicht aller Biografen befindet sich Fröbel hier in der „ärgsten Krise seines Lebens" (Heiland). Denn – man erinnere sich – Fröbel hat unter der Verheiratung vom

---

[161] Halfter, F. (1926): S.14
[162] Halfter, F. (1926): S.12
[163] Heiland, H. (2005): S.151

Emilie arg gelitten, das Ertragen des „Verlustes" ihrer/seiner Nähe macht ihm schwer zu schaffen.

Fröbels Briefe aus dieser Zeit zeigen sich zunächst optimistisch, dann fallen aber Bemerkungen auf, die starke resignative und depressive Stimmungen herausstellen.[164] Erstmals macht er sich (1835/36) Gedanken alles hin zu werfen und nach Amerika (Columbus/Ohio) auszuwandern. Dort leben die Angehörigen der mit ihm bekannten Familie Frankenberg. Aber er bleibt im Lande und gerät in eine monatelang anhaltende Lebenskrise.

Obwohl Fröbel den pädagogischen Verwandtenkreis aus der Ferne mit seinen neuen Einsichten belehrt, bleibt eines erstaunlich: Fröbels praktische Anleitungen, seine empfohlene Spielweise werden überraschender Weise nicht heimisch in der Kinderstube von Emilie, weil sie selbst Fröbels Hinweise boykottiert.[165] Das ist höchst bemerkenswert. Erst ist sie die Vertraute Fröbels, die ähnlich wie ihre ältere Schwester viele Fröbelschen Selbst- und Weltbetrachtungen kennt. Nach den Textquellen soll man aber her herausstreichen: Fröbel macht sie sich zur ganz persönlichen Vertrauten. Nur wenige Jahre später präsentiert sie sich inhaltlich als Abtrünnige, und zeigt große persönliche Distanz mit unbeugsamer Konsequenz. Mit ihrer kühlen Abwendung wird Fröbel auch ganz persönlich ausgeschlossen. Erstaunlich – sie hat jahrelang Fröbels Nähe und seine Schilderungen über seine Arbeit erfahren, sie ist die Frau eines seiner engsten Mitarbeiters, aber sie will als Mutter nichts von seinen Erziehungsregeln und Weltansichten wissen.

„... es muss die tiefste Lebensenttäuschung für Fröbel gewesen sein, dass Emilie nichts von diesen Weisungen aufnahm und kein Interesse für die Wendung seiner Gedanken ins Allgemeine hatte."[166]

Es ist nicht klar, ob die Mutter von acht Kindern gar kein Interesse an der pädagogischen Arbeit ihres Mannes hat oder, ob es vor allem um eine gewollte Distanzierung zu Fröbel geht. Auch unter Berücksichtigung ihrer vielen Schwangerschaften könnte Emilies zeitliche und körperliche Belastung ein nicht auszuschließende Begründung sein. Aber Emilie bleibt nicht die Einzige in dieser entschiedenen Distanz. Weder seine Spielweisen für Kinder werden von den Frauen angenommen und praktiziert, noch werden die jungen Mütter Emilie, Albertine und später Elise selbst Kindergärtnerinnen.[167] Keine der Nichten und später keine ihrer Töchter ließen sich bei Fröbel zu Kindergärtnerinnen ausbilden.

---

[164] Heiland, H. (1982): S.92
[165] Hoffmann, E. (1982a): S.171
[166] Hoffmann, E. (1982a): ebenda
[167] Hoffmann, E. (1982a): ebenda

Es gibt – bis auf eine Ausnahme – insgesamt sogar einen *„stummen und erbitterten Widerstand der Keilhauer Frauenwelt gegen Fröbel"*.[168]

Und die junge und begeisterte Fröbelschülerin, Henriette Breymann, beobachtet überrascht, dass die Frauen in Keilhau weder an die Größe und Strahlkraft der Fröbelschen Ideen glauben, noch dem Gründer besonderen Respekt zollen. Vielmehr nimmt sie stattdessen die Bitterkeit der Frauen wahr, wenn von Fröbel die Rede ist.[169]

Die einzige Ausnahme bleibt Middendorffs Tochter Alwine. Sie versucht sich eine zeitlang als Erzieherin in Hamburg. Allerdings nur bis sie als überforderte Anwältin der Fröbelschen Gedanken erkrankt aufgibt und Wichard Lange heiratet (1851). Erst als Ehefrau kann sie sich von Fröbels Einfluß freimachen und bleibt dann auch in Hamburg. Ihr Mann übernimmt dann im Laufe der Zeit eine Teilfunktion ihrer Arbeit und wird zunehmend mehr der Verkünder der Fröbelschen Pädagogik[170]

Auch als Fröbel nach dem Tod seiner Frau – erneut in finanzieller Bedrängnis – eine Zeit lang in Keilhau unterkommen muß, demonstrieren ihm gegenüber die Frauen dort sogar „lieblose Gleichgültigkeit"[171]. Von Seiten ihrer Ehemänner gesellt sich noch eine praktische Bewertung Fröbelschen Ideen und Projektemacherei. Auch noch bei dem nahezu 70jährigen erleben die Keilhauer Mitstreiter, wie oft er sein eigenes Werk durch hastiges Vorgehen, Abspringen und neuen Varianten letztlich wieder zerstört. Schon vielfach wird seine Arbeit von ihnen mit Misstrauen verfolgt, denn oftmals müssen sie die Zeche für seine Unstetigkeit bezahlen.[172]

Als Konsequenz dieser deutlichen Abgrenzung ergibt sich für Fröbel, dass er sich fernhält und zunehmend nicht nur alltäglich die Gemeinschaft, sondern sogar die übliche gemeinsame Weihnachtszeit vermeidet.

„Niemals mehr feierte er das Weihnachtsfest in Keilhau; er verreiste in dieser Zeit."[173]

Dieser unfreiwillige Rückzug trifft ihn hart, denn seit seinem Aufenthalt als Schüler bei seinem Onkel in Stadtilm

---

[168] Hoffmann, E. (1982a): ebenda
[169] Lyschinska, M. (1922): S.66
[170] Oftmals mit großzügiger interpretativer Weite zugunsten des Aufbaus eines pädagogischen Geniekultes.
[171] Hoffmann, E. (1982a) S.174
[172] Lyschinska, M. (1922): S.124f
[173] Hoffmann, E. (1982a): ebenda

„... ist ihm Weihnachten die liebste und innigste Zeit des Jahres, der er sich später, als er selbst an Kindern Vaterstelle vertrat, mit liebevollen Vorbereitungen und ganzen Herzen hingab." [174]

Entsprechend spielt in Keilhau das Weihnachtsfest für Fröbel und folglich für alle anderen eine entscheidende Rolle. Es

„... eint die Keilhauer Großfamilie mit den Zöglingen, sie bindet das winterliche Dunkel an die Hoffnung des Frühlings und Sommers, sie öffnet die geeinte Familie auf die ‚heilige Familie' hin, auf die Geburt Jesu und seine Wiedergeburt in jeder sphärephilosophisch geeinten Familie."[175]

Im Weihnachtsfest spiegelt sich für Fröbel in besonderer Weise sein Lebensziel und Programm der „Lebenseinigung". Um so erstaunlicher erscheint auch hier das Verhalten der jungen Familien dem älteren Mann und Witwer Friedrich Fröbel gegenüber. Selbst seine Mitgefährten Barop und sein ihm ergebener Freund Middendorff können (wollten) sich gegenüber ihren Ehefrauen nicht durchsetzen. Was ist da los mit den „jungfräulichen Wesen", die doch sehr viel von den pädagogischen Ideen mitbekommen haben müssen. Schließlich sind die Väter ihrer Kinder Fröbels langjährige „treue" Wegbegleiter Barop, Langethal und Middendorff? Auffällig ist der Zeitpunkt des Ausschlusses von Fröbel im „Fröbel-Kreis", denn er beginnt, nachdem sich die Nichten zu Ehefrauen verwandeln.

Fröbel's erste Frau Willhelmine   Friedrich Fröbel   Fröbel's zweite Frau Luise
Kommt, lasst uns unsern Kindern leben!

---

[174] Osann, C. (1956): S.9
[175] Heiland, H. (1993): S.106

3 Über die Mutter-Sehnsucht hinaus

Es gibt es nur eine „Abweichlerin", die Fröbel als Person und seine theoretischen Konzepte unter einem radikal anderen Blickwinkel betrachtet. Mit der Darstellung einer „Schwarzen Pädagogik" unternimmt Katharina Rutschky den absichtsvoll „tendenziösen Versuch", die Folgen und Begleiterscheinungen der Aufmerksamkeit zu dokumentieren, denen Heranwachsende seit dem 18.Jahrhundert ausgesetzt sind. Sie interessiert sich insbesondere für die verdrängten und verleugneten Konflikte, die in der Geschichte der Erziehung mitschwingen.[176]

So vermutet sie nicht nur bei Fröbels Frauenbeziehungen lustfeindliche Tendenzen, sondern in diesen Kontext stellt sie auch die Fröbelschen Erziehungsanstrengungen in der Kontinuität von „Erziehungsapparaten" zur Sexualunterdrückung.

Rutschky:

> „Fröbel schloß, zweimal Ehen von denen er weiß, dass sie kinderlos bleiben mußte. Offenbar ist dieser Punkt eine Liebes-, besser: Ehebedingung für ihn. Ob die Ehe überhaupt vollzogen wurde, ist zweifelhaft. Dieser Punkt der Fröbelschen Biographie paßt gut zu dem Eindruck, dass die Fröbelsche Konstruktion des Kindes im Dienst der Sexualverleugnung steht."[177]

Zu dieser Einschätzung nimmt der fundierteste Kenner Fröbelscher Theorie und Biografie Stellung. Helmut Heiland schreibt:

> „Die problematischste Fröbelinterpretation in letzter Zeit hat Rutschky vorgelegt [...]. Von Fröbels 'Mystizismus', seinem 'Systemzwang' und – [...] 'rigoroser Reglementierung der Kinder, (XX) zu reden, belegt nur völliges Unverständnis Fröbelscher Pädagogik."[178]

Heiland weist Rutschkys Aussagen zurück, denn für ihn sind die Darstellungen pauschale Behauptungen, ohne jeden Beleg und abgesicherten Kontext.

Heilands Erwiderung lautet:

> „Wer die Fröbelbiographie Halfters kennt (1931, 499 ff., insbes. 5o5 ff), weiß um das Leiden beider Eheschließenden am Wissen der Kinderlosigkeit dieser Ehe."[179]

Selbst, wenn man der Hypothese folgt, dass Fröbels angehende Ehefrau an Syphilis erkrankt ist (vermutlich wird sie durch ihren Ex-Ehemann infiziert) und die damaligen medizinischen Ratgeber für eine Enthaltsamkeit plädierten, geben

---

[176] Rutschky, K. (1977): S.XV
[177] Rutschky, K. (1977): S.LXIII
[178] Heiland, H. (1982): S.139f
[179] Heiland, H. (1982): ebenda

diese beiden angeführten Literaturstellen überraschenderweise diesbezüglich keinen weiteren Aufschluss. Man findet keinen eindeutigen Hinweis auf einen gemeinsamen Leidensdruck wegen der Kinderlosigkeit. Nachzulesen ist auch bei Halfter nur ein wenig erhellendes Fröbel-Zitat:

> „'Ich fühlte und erkennt mich auf eine Stufe des menschlichen Lebens gerückt, die nicht mehr fähig ist, die zarten, duftigen Forderungen eines jugendlichen, weiblichen Gemütes zu erfüllen.' "

Halfter kommentiert Fröbels Selbstbetrachtung:

> „Aber sprach diese Empfindung nicht gerade für eine Wahl Henriettes? Sie, die anderthalb Jahre ältere, ist durch herbe Enttäuschung gereift; freilich bildete ihr zartes Wesen den Gegenpol zu dem seinen, dem des zu Willenstahl gehärteten Mannes."[180]

Der hart gewordene Mann spürt nur mehrfach bei seinen drei mädchenhaften Nichten eine „tiefe wahre Stimme des Inneren" (Fröbel), denn diese Mädchen haben ihn in „Schwingungen versetzt" (Halfter).

Fröbels Heirat mit der geschiedenen Henriette Klöpper (geb. Hoffmeister) lässt sich auch anders verstehen: Es droht zunehmend der ökonomische Zusammenbruch seines Erziehungsprojektes, wenn die Witwe seines verstorbenen Bruders Christoph tatsächlich ihre Drohung umsetzt und mit ihrem finanziellen Anteil fortginge. Die von ihm erwünschte junge Nichte, Albertine, Tochter seines Bruders Christian, darf nicht zu seiner Haushaltsführung kommen. Da fragt Fröbel bei seinem 24jährigen und gut zehn Jahre jüngeren Mitstreiter Middendorff an, ob er nicht für eine Hausmutter (und Geld) sorgen könne. Dem fährt bei diesem Gedanken sogleich der Schreck in alle Glieder und lehnt es ab, sich eilends zum verheirateten Hausvater zu wandeln.[181]

Nun erst erinnert Fröbel sich – wahrscheinlich mit Unterstützung durch den sich bedrängt fühlenden Middendorff – an eine Frau, nicht unvermögend, gebildet und schon wiederholt als finanzielle Wohltäterin für Langethal und Middendorff wohltuend in Erscheinung getreten.

> „Diese Dame ist Henriette Wilhelmine geb. Hoffmeister, die Tochter eines Königl. Kriegsrathes und von einem Kriegsrath Klöpper, welcher sich des Ehebruches schuldig gemacht geschieden. Sie ist damals 38 Jahre alt [...]. Mit ihr tritt freiwillig eine Jungfrau ein, Ernestine Crispie, welche sie seit einiger Zeit als Pflegetochter in ihr Haus genommen hatte..."[182]

Henriette erfüllt somit die finanzielle Forderung: Sie ist als Projektmitglied hochwillkommen, denn sie

---

[180] Halfter, F. (1931): S.499
[181] Halfter, F. (1931): ebenda
[182] Hanschmann, A.-B. (1900): S.128f

„"... bringt ein nicht unbeträchtliches Heiratsgut mit" [183]

Und als Frau ist sie interessanter als seine verwitwete und widerständige Schwägerin: Jünger, nicht in verwandtschaftlichen Händel mit Fröbel verstrickt bzw. gar vorbelastet und als einfühlsame Zuhörerin bereits in Erscheinung getreten. Um Fröbels bewusste oder unbewusste Motive für seine Eheschließungen herauszuarbeiten, macht es Sinn, Rutschky weiter zu Wort kommen zu lassen, denn sie stellt diese Motive in einen überindividuellen Zusammenhang:

„In kritischer Absicht hat man oft - meist um die Subjektivität, d.h. die Unwissenschaftlichkeit ihrer Theorien zu beweisen – auf die neurotischen Persönlichkeitszüge vieler großer Pädagogen hingewiesen. Die Kindheits- und Entwicklungsgeschichte, das Ehe- und Familienleben von Rousseau, Basedow, Campe, Bahrdt, Pestalozzi, Fröbel und vieler anderer Pioniere auf dem Gebiet der Erziehung ist tatsächlich auffällig »unnormal«. Die Einsicht in die individuelle Pathologie kann freilich den Siegeszug der Erziehung - der sich, je länger je mehr, unabhängig von »großen« Persönlichkeiten fortsetzt - nur dann verständlich machen, wenn man in den individuellen Lösungsversuchen die kollektiven aufsucht.

Man hat Rousseau oft vorgeworfen, dass er, als pädagogischer Reformer, seine eigenen Kinder ins Findelhaus abschob. Weniger Aufsehen erregte die Tatsache, dass Fröbel, der Begründer der Kindergartenpädagogik in Deutschland, zweimal Ehen schloß, von denen er weiß, dass sie kinderlos bleiben mußten. Offenbar ist dieser Punkt eine Liebes-, besser: Ehebedingung für ihn. Ob die Ehe überhaupt vollzogen wurde, ist zweifelhaft. Dieser Punkt der Fröbelschen Biographie paßt gut zu dem Eindruck, dass die Fröbelsche Konstruktion des Kindes im Dienst der Sexualverleugnung steht. Sie beginnt als Leugnung des Geschlechtsunterschiedes: das Kind ist nicht männlich oder weiblich, sondern nur Kind. Dies ist das Problem des Kindes Fröbel gewesen: die spärlichen Informationen deuten darauf hin, dass er sich mit der Mutter und der gehaßten Stiefmutter identifizierte, also eine weibliche Rolle übernommen hatte."[184]

Leider untermauert Rutschky an keiner Stelle diese Thesen genauer. Dennoch ist der systematische Zugang zur Motivlage interessant. Mit ihrer psychoanalytischen Sicht bringt sie Widersprüchliches, paradoxe Denkformen, verdrängte Bedürfnisse, schwere Frustrationen mit in die Beschreibung Fröbels Mutter-Kind-Beziehung und löst sich von der gängigen, stets geäußerten – aber schlichten – Wirkungsmechanik der Kinderseele des jungen Friedrich: Früh verlorene Mutter – stete Sehnsucht nach einer mütterlichen Versorgungseinheit. So unterstellt Heiland auch noch im Jahr 2009 Fröbel dieses Wahrnehmungsmuster von Frauen.

---

[183] Diesterweg, F.A. (1967): S.62
[184] Rutschky, K. (1977): S.LXXf.

„In jedem Mädchen, jeder Frau hofft er die früh verstorbene, verlorene Mutter wiederzufinden."[185]

Schon sehr lange bieten sich nicht nur solche Psychologisierungen an, um Fröbels Wahrnehmungen von Frauen und seine Versuche, sie ihn sein Seelenleben funktional einzubinden, zu charakterisieren.

Hierbei bieten die Arbeiten des Psychoanalytikers Heinz Kohut, mit seiner Selbstpsychologie, seit den 70ziger Jahren des vergangenen Jahrhunderts, eine Möglichkeit.[186]
Hierauf gehe ich im Kapitel 3.3 kurz weiter ein.

3.1 Frauen als Musen

Die Annahme mancher Biografen, Fröbels Ehefrauenwahl wären durch erotische Leidenschaften geprägt, kann man getrost ausschließen. Dieses Motiv für eine Eheschließung wäre auch für damalige Verhältnisse eher eine Ausnahme. Die Annahme, die Heiraten wären auf den Fels einer rationalen gemeinschaftlichen Grundlage allein oder wenigstens vorrangig aufgebaut, erscheint letztlich allerdings auch wirklichkeitsfremd. Es muss mehr geben in einer ehelichen Beziehung außer Zweckehe, finanzieller Absicherung oder töchterlicher Zuwendung. Zwei weibliche Unterstützerinnenmodelle hebe ich als weitere motivationale Grundlagen hervor, die sich auch als eine Art geistiger Partnerschaft zeigen kann.

Zum einen möchte ich die Aufmerksamkeit auf die spezifische weibliche Funktion der Muse lenken, die seit Jahrhunderten dem Mann als Quelle zur Tatenlust und schöpferischer Inspiration diente.

Eine Muse ist eine Person, die einen anderen Menschen zu kreativen Leistungen anspornt oder inspiriert. Meistens sind Musen Frauen im Umfeld von Künstlern und Erfindern.

Musen werden seit der Antike als göttliche oder genialische Inspirationsquelle für Künstler genannt (Musenkuss; von der Muse geküsst). Ursprung ist die antike Vorstellung, dass Ideen (das Denken) nicht selbst entwickelt, sondern von Göttern (oder eben Musen) von außen eingegeben werden. Der Begriff Muse geht auf die Musen in der griechischen Mythologie zurück. In der antiken Mythologie sind die Musen Quellnymphen – neun Schwestern, die vom griechischen Vatergott Zeus mit der Quellgöttin Mnemosyne (Göttin der Erinnerung) gezeugt wurden. Die Musen gesellen sich um Apoll, den Gott der schönen

---

[185] Heiland, H. (2009): S.133f
[186] Kohut, H. (1975, 1983, 1999)

Künste, der sie dirigiert und mit ihnen auf dem griechischen Berg Helikon dem Zeus huldigt.[187]

In der Neuzeit beginnt man, auch Personen aus Fleisch und Blut als Musen zu bezeichnen – meist Freundinnen von Künstlern, vereinzelt auch Männer. Die allerdings sind dann eher Gönner oder Mäzen, zuständig für die ökonomische Absicherung und nicht so sehr für den schöpferischen Schaffensprozess. Musen inspirieren den Künstler durch ihren Charakter, ihre Ausstrahlung, ihre menschliche Zuwendung, durch eine erotische Beziehung. Zumeist allerdings durch eine zeitweilig gelungene Kombination all dieser wunderbaren Fähigkeiten.

Theweleit hat diese verdeckte Beziehungsgeschichte von schreibenden Künstlern gegenüber Frauen beschrieben, ihre kaschierte Vereinnahmungsform weiblichen Lebens, die Umarbeitung der Schönheiten des weiblichen Körpers in männliche Kunstformen, zum Beispiel in Gedichte, Geschichten, oder den Verzehr ihrer kreativen intellektuellen Leistungen. Die Frau wird zwar als Opfer der männlichen Produktionsverhältnisse gesehen, gleichzeitig aber als Muse inthronisiert und weitergefeiert als „Inspiratorin" für die großen Werke männlicher Schöpfungskraft. Dieses Produktionsverhältnis enthält nach Theweleit auch ein ausbeuterisches Gewaltverhältnis, in dem die Liebesgeschichten zwar auch solche sind, andererseits dazu da, um die Kraft des männlichen Genies fortwährend zu befeuern.[188] Diesen Aspekt einer Beziehung ohne eheliches Vertragsverhältnis, aber mit intensivem Personenverbrauch will ich weiter verfolgen, wenn ich mich um die viel genannten erotischen Beziehungen zu seinen Nichten aufklärend kümmere.

Erlaubt eine Musenfunktion jeder der Ehefrauen auch ein Verständnis für Fröbels beide Eheschließungen?

Die beiden Ehefrauen Fröbels bieten in ihren sehr unterschiedlichen Persönlichkeiten auf der Basis ihrer geschlechtlichen Gemeinsamkeit eine fabelhafte Funktion an: Zuhören ist eine der Tätigkeiten, in denen Frauen, dem kulturellen Training nach, den Männern überlegen sind. Frauen sind schon von jeher auf Beobachtungs-, Zuhör- und Wahrnehmungstätigkeiten sozialisiert. Diese Qualitäten zeigen beiden Ehefrauen schon vor der Ehe mit Fröbel. Darüber hinaus bleibt Wilhelmine auch bei Fröbel eine feinfühlige Samariterin und Luise eine helfende und unauffällige Pflegerin. Insbesondere bei ihr wird mit dem Status der Ehefrau ihr Aktionsfeld erweitert und statusbedingt angehoben. Wilhelmine ist Fröbel sicherlich intellektuell in jeder Hinsicht gewachsen und kann ihm auch auf dieser Ebene wichtige Rückmeldungen geben und ihm helfen, seine Gedanken zu sortieren. Luise ist dagegen mehr praktisch ausgerichtet und verwaltet seine schriftlichen Äußerungen und seinen Haushalt. Deswegen ist in die-

---

[187] Biedermann, H. (2004): S.297 und Theweleit, K./ Bianci, P. (1990b): S. 91ff
[188] Theweleit, K. (1991): S.81ff

ser Ehe Fröbel auch auf die ergänzenden außerehelichen Übersetzungsarbeiten und Strukturierungshilfen von Bertha Marenholtz-Bülow angewiesen. Fröbel bedarf ohne Frage die ordnenden Kräfte der Frauen, die selbstverständliche Preisgabe ihrer Aufmerksamkeit und ihres Zuspruchs, um seine verwirbelten Gedanken in einen Zustand von kommunizierbarer Klarheit zu überführen. Solange diese Arbeit in ehelichen Strukturen eingebunden ist, gehört sie zum Beziehungsarrangement der Eheleute und wird von Außenstehenden auch so angesehen. Dennoch ist damit häufig auch ein Stück alltäglicher und einseitiger Ausbeutung verbunden. In Beziehungen passiert es immer, dass einer die andere Person vorrangig für seine Bedürfnisse in Anspruch nimmt. Meistens verbirgt sich ja hinter einem erfolgreichen Mann, eine Ideen und Lebenskraft spendende Frau – bis sie ausgesaugt ist.

Man könnte auch alle anderen Frauen in dieser mehr oder weniger ideen- und /oder erfahrungsaussaugende Beziehung zu Fröbel einordnen (z.B. die „Muhme" Schmidt). Er will immer auch pädagogische Ereignisse als „Rohstoffe", um seine pädagogische Produktionen weiter am Laufen zu halten: Informationen, Beobachtungen, Spielideen. Und letztlich ist die Produktion seiner einzigartigen künstlichen Kindergartenwelt in ein komplexes synthetisches Arrangement eingebunden, das wiederum andere Frauen einwickelt. Junge kinderlose Frauen, mit ausgeprägt schicksalhaften Lebensverläufen hantieren mit lebensfernen Dingen, um mehr oder weniger ungebändigte (Klein)-Kinder zu höheren Erkenntnissen zu führen. Um diese Leistungen zu vollbringen, ist ein gewisses Frauenopfer, eine pädagogische Grundhaltung, unverzichtbar. Die Frauen tun das nicht von sich aus, sondern erst durch die schleichenden Wirkungen des pädagogischen Serums. Obwohl nicht immer überzeugend von Fröbel injiziert, entdecken sie den pädagogischen Bedarf in dieser Welt, ihre Fähigkeit dieses Begehren zu stillen und den spürbaren psychischen Gewinn für sich.

Während die Männer die Welt erobern, ordnen und beherrschen wollen, müssen die Frauen, als Verursacherinnen für verweichlichte Knaben nun zeigen, dass eine Erziehung möglich ist, die zum wahren Mannestum führen kann. Sie sollen ein Missraten der Erziehung verhindern, sie sollen ihre geforderten Wesenskräfte als Mutter und Frau erfüllen und – etwas quer zu diesen individualitäts- und familienpsychologischen Strömungen – eine ökonomische Unabhängigkeit durch eine Berufsausbildung erlangen. Nicht zufällig setzen viele erste Emanzipationsschübe der Frauenbewegung in den pädagogischen Nischen an, um sich so der mehrfachen Opferung als bloßer Muse des Mannes zu entziehen. Oder es agieren Frauen, die ihren bisherigen Verbrauch als Musen ein Ende setzen und ihre verbliebenen Kräfte für eigene Projekte verwenden wollen.

Die kulturpsychologische Beobachtung von Ulrike Prokop bringt eine ergänzende Perspektiverweiterung, wenn es um eine Einbindung der Frau als Förderin des Mannes geht.[189]
Hier spielt die Frau neben der Muse als Mäzenin eine bedeutende Rolle, die in ihren bürgerlichen oder adligen Salons sich jungen Talenten zuwendet. Ihr Salon bildet eine Bühne und öffnet ein Weg zum gesellschaftlichen Aufstieg. Diese Frauen, verheiratet, älter, reifer, gehören zur Gesellschaft, in der die Söhne des aufstrebenden Bürgertums mit dem Recht der Begabung eintreten wollen. Prokop verweist auf Rousseau, Herder, Schiller und Goethe, die gesellschaftlich von „unten" kommen. Alle vier sind Ausreißer, Flüchtlinge ohne Geld, Heimatlose in ihren sozialen Bezügen.

Interessant in diesem Kontext ist die psycho-soziale Funktion der Mäzenin. Meistens ist die Ehe dieser kulturell, politisch interessierten Frau zur leidenschaftslosen und pflichtgemäßen Rolle der Ehefrau geformt. Ihre Freiheit, ihre Leidenschaften entfalten sich in ihrem Salon, in dem der Ehemann wohl nie empfangen wird und den er selber bei seiner Frau gern meidet. Diese Frau gerät zur sozialen Erweiterung der versorgenden Großen-Mutter für die jungen Männer mit den wilden Ideen und starken Gefühlen.

Fröbel findet diese Frauen in Caroline von Holzhausen und zuerst auch in seiner ersten Ehefrau, Wilhelmine. Ulrike Prokop sieht in diesen gesellschaftlich Frauen, die gesellschaftlich höher stehen als Fröbel

„... die Verstärkung der Mutter-Imago, von denen die jungen Männer träumen, die nach oben wollen und vor denen sie auch fliehen – weil sie hier in Bann geschlagen werden, zu Kind werden – angesichts einer überlegenen Frau: überlegen durch ihren Rang, ihre Unerreichbarkeit und ihre einflussreiche Stellung."[190]

Und die hier interessante Gemeinsamkeit ist, dass nach Prokop fast alle diese Verhältnisse durch die Flucht der Männer, ohne eine klärende Auseinandersetzung, ihr Ende finden. So auch bei Fröbel: Bei Caroline v. Holzhausen ist die Flucht klar zu erkennen, bei seinen Ehefrauen kann man in seiner häufiger Abwesenheit auch als eine Fluchttendenz vor der eigenen Verkindlichung erkennen. Umso mehr aber gelingt es ihm aus sicherer Distanz seinen Frauen Welterklärungen in der Pose des überlegenen Denkers vorzulegen.

Und zu welchen Frauen konnten diese Männer einen „männlichen" Zugang herstellen? Für Prokop wird die Umkehrung der Frauenrollen für die Männer zur lebensgeschichtlichen Notwendigkeit für die Beziehung. Diese Männer heiraten später Frauen, die sich selbst „als Mädchen" als „Unschuld" begreifen. Für das männliche Leben und als weibliches Ideal suchen sie die Kind-Frau oder die

---

[189] Prokop, U. (2003): S.178ff
[190] Prokop, U. (2003): S.180

verstehende Schwester-Braut. In ihren theoretischen und literarischen Konzepte fließt die Abwehr, die Angst vor der verführerisch-bedrohlichen sinnlichen Frau ein. Diese Abwehr schließt die Angst vor der überwältigenden Mutter und zugleich die Sehnsucht nach der spendenden, gewährenden Großen-Mutter gleichermaßen mit ein. Dieses Doppelbild bildet in den Männer-Phantasien des ausgehenden 18. Jahrhunderts das stärkste unbewusste Motiv, wenn diese Männer sich den Frauen nähern. Auch in Prokops Beschreibungen lässt sich Motive für Fröbels Ehefrauenwahl wiederfinden. Seine Ehefrau Wilhelmine wandelt sich zur entsexualisierten und klugen Schwester und seine Luise bleibt in töchterlicher Ehrfurcht und Unschuld ihm leiblich fern.

3.2 Frauen als Liebesobjekte

Bei dem Versuch das Thema „Fröbel und die Frauen" darzustellen, muss ich mich insgesamt auf einen kleinen Kreis von Frauen beschränken, denn Heilands Hinweise, dass Fröbel zum einen eine Vielzahl von Frauenbeziehungen hat, die zudem mehr oder weniger affektiv aufgeheizt sind, lässt sich anhand der Quellen nicht bestätigen.[191] Zweifellos hat er regen Briefverkehr, der vom Umfang her dennoch eher einseitig bleibt.

Dabei sollte man sich von häufigen erklärenden Hinweisen distanzieren, Fröbel sei als ein Romantiker oder gar ein Mystiker den Frauen wesenhaft besonders nahe, denn sie tragen zu keiner Klärung bei, sondern verlieren sich zu oft in mächtigem Wortgetöse eines Geniekultes.

> „Für den Erzieher in Fröbel ist dies das wichtigste Erlebnis an Frau von Holzhausen. An ihm erfuhr er in ungewöhnlicher Kraft vereint die christlich-mystische Grundströmung des Madonna Mariakults und die naturhaft-mystische Verehrung der Lebensmacht, die einst den Namen der Madonna Isis trug. Fröbel meint 1831 diesen sympathischen Gedanken ‚wohl auch fast seit 30 Jahren' in sich verarbeitet zu haben: ‚Man kann die Maria in einem höheren Sinn als Sinnbild der Natur und ihre Verehrung als eine Verehrung der Natur und der Isis ansehen.' (A. d. Fr.). Der Nachkämpfer Luthers nahm in tiefem Empfinden für das Naturhafte des Madonnenkults diese Form der Mystik in sein Streben auf, ohne romantische Hingabe und Himmelung. Jedenfalls ist das Urerlebnis dieses Mystikers der Erziehung die heilige Verkörperung der Natur in einer hoffenden Mutter gewesen."[192]

Auch Halfter nimmt zur Kenntnis, dass für Fröbel ein sich Wiederfinden in/bei der Anderen von Bedeutung ist. In der Bewertung der Geschichte „Emilie und Fröbel" meint er:

---

[191] Heiland, H. (1989): S.140?
[192] Halfter, F. (1939): S.98ff

„Das Hochzeitsschreiben ist an das kindliche Gemüt der bräutlichen Emilie gerichtet gewesen; in diesem jungfräulichen Gemüt meinte er unbefangen sich schon in Keilhau gespiegelt gefunden zuhaben... Er (Fröbel, D.K.) meinte ‚das' männliche Wesen (sein männliches Wesen, D.K.) gefunden zu haben, sich wiederspiegelnd in und aus der ewigen Jugend eines kindlich weiblich, ihm gehörigen Gemütes'".[193]

Der Gleichsetzung von weiblich und kindlich in Fröbels Verteidigungsschrift ist Halfter schnell gefolgt und ebenso der weiteren Vernebelungsabsicht, wenn Fröbel von sich selbst spricht:

„... das Herz voll jugendlicher Gefühle und Ahnungen, wie in meinem 16. Jahre, wo ich [...] die einzige Wonne des Daseins, recht zu sein und recht zu tun, empfand;- liebend das All umschließend, lieg' ich wie dortmals am Busen der Menschheit."[194]

Ich gehe nicht davon aus, dass Fröbel einmal real am Busen von irgendeiner Emilie lag, sondern — wie nach dem Weggang der desinteressierten ersten Wilhelmine — bleibt ihm nur die stille Hinwendung zur fernen Menschheit am nächtlichen Sternenhimmel. Ein ebenso unkörperlicher wie ferner Busen.

Dem Leser von Fröbels Schriften selbst und den von den Interpretationen seiner Biografinnen und Biografen bleibt immer unklar, wohin sich Fröbel bei Frauen gezogen fühlt. Geht es bei den konkreten Frauen, als leibhaftige Objekte seiner Begierden, um deren erotisierende Nähe? Oder ist es das von seinen Biografen und Biografinnen so gerne edle und idealistische Empfinden der „idealisierten Weiblichkeit", bzw. das einer „Mütterlichkeit". Ist es sein Sehnen nach einer idealistischen Vereinigung in höheren geistigen Sphären oder ist es eher das sinnlich-begierige drängende Bedürfnis nach sexueller Vereinigung mit der begehrten Frau?

In verwickelten Liebensdingen kennt sich der Seelenforscher Sigmund Freud gut aus. Um die Liebeswahl einer bestimmten Person bzw. um die Wahl eines bestimmten Typus psychologisch näher zu beschreiben, hat der Frauenkenner[195] Freud den Begriff „Objektwahl" eingeführt.

Dabei hat er die Vielfalt der Objektwahlen von Frauen und Männern auf zwei große Typisierungen eingeschränkt: Den Anlehnungstypus und den narzisstischen Typus. Nach dem Anlehnungstypus lehnt man seine Liebe an die Person an, von der die ersten Befriedigungserlebnisse stammen. Das ist im Regelfall die Mutter, die das Kleinkind ständig versorgte..[196]

Bei dem narzisstischen Typus wird das Objekt nach dem Vorbild der eigenen Person gewählt und nicht nach dem Vorbild der Mutter:

---

[193] Halfter, F. (1940): S.44f
[194] Halfter, F. (1940): ebenda
[195] Erhellende Hinweise auf Freuds Frauengeschichten, die auch Theorie relevante Wirkungen induzieren, kann man bei Theweleit nachlesen. Theweleit, K. (1990a): S.57ff
[196] Laplanche/ Pontalis (1972): S.347

- was man selbst ist (sich selbst),
- was man selbst war,
- was man selbst sein möchte,
- eine andere Person, die ein Teil des eigenen Selbst war.

Jene Erwachsene suchen offenkundig sich selbst als Liebesobjekte. Freud begreift diese Objektwahl als eine Störung der psycho-sexuellen Entwicklung.

Ohne dass ich an dieser Stelle versuche, Fröbels Frauenwahl unter diesen beiden Kategorien weiter zu klären, möchte ich mich zunächst auf eine männliche Besonderheit bei der Wahl ihres Liebesobjektes aufmerksam machen.

Einen besonderen Typus der **männlichen Objektwahl** (Hervorhebung von mir, D.K.) hat Freud zuvor (1910) beschrieben, der sich durch eine Reihe von Merkmalen in den „Liebesbeziehungen" auszeichnet.

Diese Liebesbedingungen sind geradezu als spezifisch zu bezeichnen.

> „Man kann sie die Bedingung des ‚Geschädigten Dritten' nennen; ihr Inhalt geht dahin, dass der Betreffende niemals ein Weib zum Liebesobjekt wählt, welches noch frei ist, also ein Mädchen oder eine alleinstehende Frau, sondern nur ein solches Weib, auf das ein anderer Mann als Ehegatte, Verlobter, Freund Eigentumsrechte geltend machen kann. Diese Bedingung zeigt sich in manchen Fällen so unerbittlich, dass dasselbe Weib zuerst übersehen oder selbst verschmäht werden kann, solange es niemandem angehört, während es sofort Gegenstand der Verliebtheit wird, sobald es in eine der genannten Beziehungen zu einem anderen Manne tritt."[197]

Man darf aus der intensiven Beziehung zu einer solchen „vergebenen Frau" nicht die Erwartung ableiten, dass ein einziges solches Liebesverhältnis das Liebesleben der betreffenden Männer ausfülle oder sich nur einmal herstelle. Vielmehr können sich die Liebesobjekte einander so häufig abwechseln, dass es zur Bildung einer langen Reihe kommt. In diesen Zügen der beschriebenen Liebesbeziehungen prägt sich dann deutlich ein zwanghafter Charakter aus.

Im Freudschen Sprachgebrauch wird Zwang zur Bezeichnung einer inneren, zwingenden Kraft verwendet. Er schließt ein, dass das Subjekt sich durch diese Kraft gezwungen fühlt zu handeln, auf eine bestimmte Weise zu denken, aber dagegen ankämpft.

Diese eigentümliche Objektwahl und das so sonderbare Liebesverhalten haben ein und dieselbe psychische Herkunft: Sie entspringen aus der infantilen Fixierung an die Mutter und stellen einen der Ausgänge dieser frühkindlichen Fixierung dar. Der Junge sieht sich in der ödipalen Konkurrenz zum Vater. Aus Sicht des Jungen ist es klar, dass kein anderer als **der Vater selbst** zum geschädigten Dritten gemacht werden soll.

---

[197] Freud, S. (1910): In: Freud, S. (1999): Band VIII. S.66-77

Wenn die späteren Liebesobjekte bei diesem Typus dann vor allem Muttersurrogate bilden sollen, wird auch das Zwanghafte der Reihenbildung verständlich, denn die Unerreichbarkeit, die nie erfolgte Erfüllung der ausschließlichen Inbesitznahme des primären mütterlichen Liebesobjektes, fordert geradezu nach einer Wiederholung. Nachträglich das nie Erhaltene für sich doch haben zu wollen, äußert sich durch die Auflösung in eine lange Reihe von Versuchen, lässt doch jeder schwache Abklatsch die erstrebte abschließende Befriedigung nur noch deutlicher vermissen.

Nun fällt auf – hierzu passend – Fröbels Interesse an Frauen, die beinahe oder schon verheiratet sind. Doch ihm gelingt es weder, als Liebhaber die vergebenen Frauen für sich zu gewinnen, noch kann man als Leser den Eindruck gewinnen, dass er es jemals vorgehabt hätte. Und Fröbel selbst spürt nur im Nachhinein „dass da bei ihm was war". Doch was da in ihm gärt, will/kann er in den aktuellen Momenten nicht zur Kenntnis nehmen. Ihm gelingt es keineswegs bzw. schlummert in ihm nie die Bereitschaft in die direkte Konkurrenz mit dem Nebenbuhler, „Vater" zu treten.

Nur in Ansätzen empfindet er z.B. bei Caroline v. Holzhausen, dass ihr Mann ihm ein lästiger Rivale wird.

„Meine Furcht, mein Abscheu, mein Selbstbezwingen, mein Gefühl der Unwürdigkeit des Behandeltwerdens von ihm, meine Freude des Entferntseins von ihm [...]. Ich, der ich erwartete, als Mensch und Denker gleich geordnet zu werden, wird nun Diener, Untergeordneter." [198]

So muss Fröbel in Frankfurt einen Ehemann ertragen, der ihn auch fühlen lässt, dass er auch als Hauslehrer nur ein Bediensteter bleibt. Aber er erkennt realistisch: Widerstand ist zwecklos.

Seine anderen – alltäglichen – Konkurrenten sind gleichzeitig seine zentralen Stützen für die Realisierung seines beruflichen Selbstverständnisses als Pädagoge. Es sind die treuen Weggefährten und Kameraden: Bei ihnen ist er der unumstrittene Führer einer pädagogischen Erziehungsanstalt. Mit ihnen zu konkurrieren, sie etwa als Rivalen zu empfinden, träge auch den peinigenden Impuls in sich, an seinem Fundament der eigenen Sinngebung zu graben. Von daher macht unter dieser Perspektive – im Gegensatz zur freudschen Definition – wiederholt **er** sich **selbst** zum „geschädigten Dritten". D.h. Fröbel kann erst gar nicht eine rivalisierende ödipale Konstellation annehmen, weil seine Subjektbildung nicht die dafür notwendige innere Sicherheit aufweist. Als Ausweg inszeniert für sich immer wieder eine Art von „Selbst-Kastration" im Zuge seiner Frauenbezie-

---

[198] Fröbel, F. (1807): Brief an Bruder Christoph vom 3. 5. 1807. In: Mundorf, G./ Schuffenhauer, H./ Koberstein, M. (Hrsg., 1952): S.36

hung[199]. In Fröbels Darstellungen findet sein präödipales Verhaftetsein seinen idealisierten Ausdruck von der nährenden und spendenden mütterlichen Kraft, die sie zur Verfügung stellen soll. Weil eine gelungene Auflösung der ödipalen Situation eine Differenzierung von Kind und Liebesobjekt erfordert, kann dies nur mit der Anerkennung der Mutter als eigenständigem Liebesobjekt gelingen. In dieser Konsequenz wäre der junge Friedrich genötigt anzuerkennen, dass ihm die Mutter als Sexualobjekt verwehrt bleibt. Er hätte auch anzuerkennen, das sie eine eigenständige Person mit eigenem Willen bleibt. Diese Bestätigung setzt voraus, dass er in der präödipalen Phase selbst geliebt und anerkannt worden ist und die Erfahrung von Einstimmung vertrauter Gemeinsamkeit und Geborgenheit verinnerlicht hat. Misslingt dieser Anerkennungsprozess aus der präödipalen Zeit, so können zwei Formen einer pathologischen Verleugnung von Abhängigkeit entstehen.

Eine phantasierte Omnipotenz: Ich bin so groß, ich brauche die Anerkennung des Anderen nicht.

Verschmelzungsphantasien in der Art: Wenn ich mit dem Anderen eins bin, bin ich nicht darauf angewiesen, von Dritten als eigenes Wesen anerkannt zu werden.

Das sind zwei psychische Abwehrformen, gegen die übermächtige Erfahrung der kindlichen Abhängigkeit von den Eltern. Entsprechend der psychologischen Dynamik dieser Störung liegt es nahe, als Erwachsener Objektbeziehungen einzugehen, die diesen scheinbar entlastenden prä-ödipalen Beziehungen strukturell ähneln. Denn jede andere Beziehung stellt für die narzisstische Persönlichkeit eine potentielle Quelle von Bedrohung dar. Nur in der Wiederholung frühester Mutter-Kind-Erfahrungen kann sich ein Lebensgefühl herstellen, das etwas von der Geborgenheit geglückter Mutter-Kind Interaktionen transportiert. Doch diese Wiederholung muss leider ausbleiben und kann nur als wirkungslose Re-Inszenierung vorgenommen werden. Gerade weil seine realen Mutter-Kind-Interaktionen mehrfach schwer enttäuscht wurden, kann das Bild der machtvoll-liebenden Mutter auch Züge der versagenden Mutter mittragen. Es ist eine starke Spannung, die innerhalb der präödipalen Nähewünsche transportiert wird. Seine „aggressive" Selbstbehauptung nimmt er vor, indem er ihren mütterlichen Seinsweisen abwertet. Dabei helfen ihm die sich ausformenden kulturellen Muster von defizienter Weiblichkeit und Mütterlichkeit. Die Frau, die Mutter muß erst erzogen werden.

Mir erscheint damit bei seinen Beziehungen zu den jungen Frauen weniger eine **Neigungsaktivität** als eine **Vermeidungsstrategie** auffälliger zu sein. Er sucht ihre Nähe solange sie kindlich, mädchenhaft bleiben. Sobald sie zu eroti-

---

[199] Bittner, G. (1988): S.142f

schen Frauen reifen, sich zu Ehefrauen wandeln, muss er weggehen. Und wiederum flieht er vor den Männern dieser Frauen, die sich zu ihm in diesem Kontext anders verhalten als bloße Kameraden, als Weggefährten. Schließlich verwandeln sich die Kameraden zu Liebhabern, die Ehemänner werden wollen. Sobald mit der Nähe zur Frau auch eine rivalisierende, eine ödipale Situation zu Männern deutlich wird, verlässt er das gefährliche Beziehungsfeld. Hier wiederholt sich eine Erfahrung, die er schon mit Caroline und ihrem Ehemann erlebte. Als sich das Ehepaar wieder annähert oder besser gesagt, als der Ehemann sich als solcher für Fröbel eindeutig als solcher profiliert und nicht mehr als ratsuchender (und bloß desinteressierter) Vater vor ihm tritt, läuft Fröbel davon. Seinen raschen Weggang auf ihre sexuellen Bedürfnisse oder nur auf ihre Schwangerschaft zurückzuführen erscheint zu kurz gegriffen. (Schickt sie ihn weg, oder hat er gar Angst vor dem rächenden, strafenden Vater?) Entscheidend ist sein Verhalten innerhalb dieser Situation: Ist er der Vater ihres Kindes, zieht er dann in den Beziehungskampf für seine große Liebe, für sein Kind? Nimmt er das Ringen mit dem Ehemann auf? Nein! Ist er nicht der Vater, muß er die neue Präsenz des Ehemanns ertragen. Und dieser hat den alleinigen Zugang zur sexuellen Frau, der Fröbel verwehrt bleibt. Kann Fröbel als Mann da bestehen? Nein. Fröbel geht auch nicht – er flüchtet.

Aber auch die Auflösung seines Arbeitsverhältnisses bei seinem späteren Arbeitgeber Prof. Weiß ist geprägt von seiner ungeklärten Rivalität mit dem Chef. Und hier gibt es keine zusätzliche Frauenbeziehung. Oder etwa doch? Auf alle Fälle ist es nicht völlig auszuschließen, dass hier eine Frau auch eine Rolle spielt, denn als Weiß nach einer mehrmonatigen Reise zurückkommt, befindet sich an seiner Seite plötzlich eine junge Frau![200] Es gibt aber keine weiteren Hinweise, was ihre Gegenwart für den einsamen jungen Fröbel im kühlen Museum bedeutet haben kann. Fröbel entwickelt von nun an aber einigen Missmut, der sich offiziell gegen seine Dienstvorschriften richtet, die er von Weiß erhält. In seiner Rückschau ist sich Fröbel sicher, dass die Zumutung durch die Dienstanweisung ihn als Motiv später nie wirklich bewusst gewesen sei. Nun, die Geschichte könnte für ihn auch anders abgelaufen sein. Was ihn wirklich mit Neid erfüllt ist, dass sein junger Chef ihm in Sachen Beziehung auch überlegen ist. Und bleibt er und nimmt irgendwie den intellektuellen Kampf um die „richtige" systematische Einordnung der Steine auf? Nein! Er sucht nach einem eleganten Abgang.

---

[200] Gumlich, B. (1935): S.91. In Fröbels Erinnerung spielt es sich so ab: Er erhält die Dienstanweisung, die er als persönliche Herabsetzung begreift, weil sie eigene Systematik völlig ignoriert. Daraufhin stürzt er in eine seiner großen Sinn- und Lebenskrisen, entscheidet seinen Arbeitsplatz aufzugeben, und dann erst taucht überraschend die junge Frau an der Seite des brüderlich/väterlichen Professors auf.

Man soll die beiden Arbeitssituationen in diesem Punkt noch deutlicher charakterisieren. In beiden Arbeitsverhältnissen hat Fröbel Probleme mit den „Herren", mit seinen männlichen Arbeitgebern, die zudem in der sozialen Hierarchie weit über ihm standen: Der bekannte Vertreter eines alten Adelsgeschlechtes und der akademisch anerkannte Wissenschaftler, der im Verlauf seiner Tätigkeit auch zweimal zum Rektor der Universität berufen wird und auch in Sachen Beziehung zu Frauen Potenz zeigt. Irgendwie verbirgt sich mit dem eigenen hohen Selbstwertgefühl bei Fröbel auch ein ödipales Rivalitätsproblem mit anderen männlichen Autoritäten. Beziehungen zu Männern kann er nur dann langfristig erhalten/aushalten, wenn sie „Kumpel", Kameraden werden und solche bleiben. Hier wirkt im Hintergrund sein als übermächtig erlebter eigener Vater bis in die Gegenwart hinein, denn ihm gegenüber konnte er nie ödipale Behauptungsstrategien entwickeln.

Und seine Frauenbeziehungen?

Wenn Fröbel sich von Frauen „erblickt" oder „gesehen" fühlt, ist er sehr aufgewühlt; er spürt sich am Leben, er spürt ein erwachendes Begehren, das ihn verwirrt. Doch letztlich „verliert" Fröbel immer die Frau, die ihn vorher so in Unruhe und Erregung versetzt hat, weil ein anderer Mann sie ihm „wegnimmt", weil sie von allein weiterzieht, bzw. weil er selbst vor ihrer (konkreten sinnlichen) Nähe flüchtet. Auf alle Fälle bleibt er stets allein zurück. Wiederkehrend verlassen ihn die Frauen, deren Nähe er sucht.[201] Die Wahlen seiner „Liebesobjekte", die unerreichbaren fremden Verlobten und Ehefrauen, bringen ihn in Situationen, die alle eine merkwürdige Gemeinsamkeit aufweisen: Irgendwie gerät **er** immer wieder zum geschädigten Dritten. Alleingelassen beschreibt er aber nur selten ein Gefühl der Trauer oder der Enttäuschung. Mit großer Anstrengung umgeht er jede Selbstdefinition, die ihn zum möglichen Opfer deklarieren könnte.

Mütterliche Freundinnen oder töchterliche Mädchen oder eine andere Beziehungsdynamik von mädchenhaften Müttern und mädchenhaften Freundinnen. Dieser enge Beziehungsspielraum zwischen ihm als Mann und Frauen bildet die Grenze seiner möglichen Objektwahl. Letztlich läuft es darauf hinaus, dass für ihn keine Liebesobjekte erreichbar sind und keine sexuelle Objektbeziehung herstellbar erscheint.

---

[201] Goethe bringt mit seinem „Werther", erstmals das männliche Leiden unter dieser Erfahrung zur Sprache.

3.3 Fröbels Trauma

Die Selbstpsychologie hat sich inzwischen zu einer sehr einflußreichen zeitgenössischen psychoanalytischen Schule mit einer folgenreichen Differenzierung psychoanalytischer Theorie entwickelt. Insbesonders die narzisstische Persönlichkeitsstörung. Nach Kohut liegt einer narzisstischen Störung eine starke Frustration des kleinkindlichen Bedürfnisses nach Zuwendung zugrunde, die schließlich eine Abspaltung des Wunsches nach Zuwendung zur Folge hat. Die wesentlichen Charakteristika der narzisstischen Persönlichkeitsstörung sind demzufolge das Gefühl der eigenen Grandiosität und die extreme Beschäftigung mit dem Selbst. Die Betroffenen scheinen ständig beschäftigt mit Phantasien grenzenlosen Erfolges, Macht, Glanz, Schönheit oder idealer Liebe. Gleichzeitig zeigen sie einen Mangel an Interesse und Empathie für andere. Eine narzisstische Persönlichkeit nutzt zwischenmenschliche Beziehungen aus, um mit Hilfe anderer, die eigene Ziele rigoros zu verfolgen. Dennoch ist sie auf ständiger Suche nach der Bewunderung von anderen Menschen. Solche Menschen „hungern nach" Spiegelungsreaktionen durch andere Personen.[202] Der narzisstisch gestörte Mensch scheint ständig motiviert zu sein, Perfektion in allem zu wollen, was er oder sie tut, und dabei andere zu suchen, die seine/ihre Grandiosität widerspiegeln und bewundern. Unter dieser Abwehrfassade liegen aber die Gefühle der Leere und eine Wut, bei der intensiver Neid dominiert.[203]

Diese Fassade bröckelt, wenn eine narzisstische Persönlichkeit kritisch bewertet wird. Sie zeigt sich schnell als Überempfindlichkeit gegenüber Kritik, auf die diese Betroffenen in aller Regel mit Wut oder Scham reagieren. Es handelt sich dabei um psychische Prozesse, die dem inneren Gefühl der Wertlosigkeit und dem Mangel an Selbstwertgefühl entgegenwirken.

Kohuts Ansatz der narzisstischen Persönlichkeitsstörung sieht einen genetischen Zusammenhang zwischen frühen kindlichen Traumen und späteren typischen Beziehungsqualitäten. Daraus resultieren archaische Bedürfnisse nach idealisierbaren, spannungsregulierenden Objektbeziehungen. Es handelt sich dabei um narzisstische Konfigurationen, die als Folge eines Traumas (z.B. der frühe Tod von Fröbels Mutter) entstanden sind und ein Leben lang relativ stabil bleiben. In Beziehungen zu anderen Personen können sie ihre Wirkungen entfalten. Kohut bezeichnet diese Aktualisierungen der narzisstischen Konfigurationen als narzisstische Übertragung. Kohut hat dabei mehrere Formen der narzisstischen Übertragung unterschieden. Für den Kontext der Fröbelschen Frauenbeziehungen kann man die „idealisierende Übertragung2 hervorheben. Fröbel ver-

---

[202] Fiedler, P. (1994): In: Reinecker, H. (Hrsg.): S. 231
[203] Tiedemann, J. (2007): S.257

sucht durch Zuschreibung von Eigenschaften der idealisierten Mutterimago an eine andere Frau, sein erschüttertes und fragiles Selbstgefühl stabilisieren. Er konsolidiert seinen Seelenhaushalt, indem er den Frauen großartige Eigenschaften zuweist. Er versucht sich damit zu beruhigen, dass es solche mächtigen Frauen für ihn gibt. Durch seine reale und gefühlte Nähe zu ihnen erfährt er letztlich Trost und Schutz.

3.4 Fröbels Wut

Der Gründer der Kindergartenidee, der Ausbilder von zumeist jungen Frauen zu Kindergärtnerinnen, geht sehr verschwenderisch mit seinen Beziehungen zu den Schülerinnen um. Zuerst wirbt er geradezu um ihre Aufmerksamkeit, hebt sie empor – solange diese sich in der Rolle als gelehrige Schülerin darstellt. Sobald die jungen Frauen aber als Personen sichtbar werden, die einen Eigensinn entwickeln, wendet er sich gleichermaßen von ihnen enttäuscht und wütend ab. Warum? Der Psychoanalytiker Heinz Kohut[204] unterscheidet zwei Arten von Aggression: Die konkurrierende Aggression gegen Objekte, die bei der Erlangung begehrter Ziele im Wege stehen, und in der narzisstischen Wut gegen Selbstobjekte, die das Selbst bedrohen oder es beschädigt und beschämt haben. Das beleidigte oder beschämte Selbstobjekt muss zum Verschwinden gebracht werden:

Dabei geht Kohut davon aus, dass das narzisstisch verwundbare Individuum auf tatsächliche oder erwartete narzisstische Kränkungen entweder mit schamerfülltem Rückzug (Flucht) oder mit narzisstischer Wut (Kampf) reagiert.[205] Der narzisstisch Kränkbare empfindet das beschämende Gegenüber dabei nicht als eigenständiges Individuum, sondern als einen widerspenstigen Teil seines erweiterten Selbst. Bereits die Differenz des Anderen stellt einen Affront dar. Kohut sieht die metapsychologische Verbindung zwischen den beiden Affekten von narzisstischer Wut und Scham mit darin, dass diese Wut dann entsteht, wenn das narzisstisch besetztes Selbstobjekt den absolutistischen Ansprüchen des Narzissten nicht gerecht wird und damit Eigenständigkeit beweist. Bündig charakterisiert Kohut seine Vorstellung:

„... quälendste Scham und heftigste Wut entstehen jedoch bei jenen Individuen, für die ein Gefühl absoluter Kontrolle über eine archaische Umgebung unabdingbar ist, weil die Aufrechterhaltung ihres Selbst und ihrer Selbstachtung auf der bedingungslosen Verfügbarkeit der billigend-spiegelnden Funktionen eines bewundernden Selbst-Objekts beruht oder auf der stets vorhandenen Gelegenheit zur Verschmelzung mit einem idealisierten."

---

[204] Kohut, H. (1973): In: Psyche. S. 513-554.
[205] Tiedemann, J. (2007): S.293f

Festzuhalten wäre hier, dass Kohut als narzisstische Wut die Reaktion von Personen mit einer narzisstischen Störung auf eine Verletzung ihres Selbstwertgefühls versteht. Narzisstische Wut und Scham sind demnach im selbstpsychologischen Entwurf die beiden grundsätzlichen Manifestationen von Störungen des narzisstischen Gleichgewichts.

Diese selbstpsychologische Sicht Kohuts wurde in der Folge von einigen psychoanalytischen Autoren weiterentwickelt.

Ornstein/Ornstein (1993, zitiert in Milch 2002)[206] beschreiben die narzisstische Wut als einen psychischen Zustand, der dann auftrete, wenn das Selbst geschwächt und damit gefährdet sei, zu fragmentieren – oder zum Teil schon fragmentiert sei. In diesem Zustand sei das Selbst besonders verletzlich gegenüber Lächerlichkeit, Scham und Erniedrigung, die mit destruktiven Formen der Wut beantwortet würden.

Jede Kränkung konfrontiert das Selbst mit einem Aspekt, den sich der Narzisst bisher geweigert hat, anzuerkennen: Diese Welt bleibt sicher, solange kein weiteres Subjekt auftaucht. Andere Personen dürfen hier nur als Verlängerungen des Selbst fungieren. Die Kränkung erfolgt, wenn sich das Selbstobjekt als unabhängiges Subjekt zu erkennen gibt und als solches auch erkannt wird. Diese Emanzipation des Selbstobjekts, dass das sich als eigenständige Person darstellt, wird durch den Wandel des Beziehungsmodus zwangsläufig zu einem kränkenden Objekt.

Es ist konsequent, dass Fröbel in den Momenten, in denen sich die Schülerinnen als seine Selbstobjekte emanzipieren, diese Kränkung nicht weiter ertragen will, sich sofort von ihnen abwendet, und sie für ihn dann nicht mehr existieren. Schamempfinden und leichte Kränkbarkeit begleiten auch Fröbel lebenslang in all seinen Beziehungserfahrungen.

Vor allem Frauen sind für Fröbel Objekte narzisstischer Projektion und zugleich ist er mit ihnen identifiziert.

Volker Kraft hat diese Funktion des Anderen zur Stabilisierung des eigenen Selbstgefühls bei dem bekannten Pädagogen Pestalozzi in einer detaillierten Untersuchung präzise herausgearbeitet.[207] Im Grunde wiederholt sich bei Fröbel diese Beziehungskonstellation – nur nicht diesmal mit Kindern, sondern vor allem mit seinen Schülerinnen. Seine Abhängigkeit von ihnen als Selbstobjekten ist eine nie versagende Quelle existentieller Unsicherheit und ist mit starken Affekten verbunden: Mit immenser Wut, tiefer Trauer und großer Scham.

Fröbels frühe traumatisierende Erfahrung des mütterlichen Verlustes, kommt als melancholische Identifizierung zur Geltung. Die melancholische

---

[206] Milch, W. (2002): Wut. In: Mertens und Waldvogel (Hrsg.). S.851
[207] Kraft, V. (1996): Pestalozzi oder das Pädagogische Selbst. Eine Studie zur Psychoanalyse pädagogischen Denkens.

Identifizierung bezeichnet dabei die Bewahrung eines verlorenen Objektes durch seine Verinnerlichung, das auf diese Weise zum Teil des Ichs wird: Der verlassene Junge in ihm löst sich nicht von seiner toten Mutter. Der damit verbundene frühe Selbst-Defekt und die ihm entsprechenden Formen der Abwehr legen den Modus der Bewältigung der späteren Krisen fest. Fröbel wird stets wieder auf das Kind in ihm zurückgeworfen. Durch diese Konstellationen wird seine innere Welt in einen Spannungszustand versetzt und bleibend festgehalten. Das narzisstische Trauma, auf Wiederherstellung der Mutter-Kind-Symbiose abzielend, droht fortwährend mit Regression. Er bleibt gleichermaßen mit tiefen Zorn, Wut und Scham durch seinen Ausschluss von der weiblichen Nähe in einer ewigen Pendelbewegung von Sehnsucht nach und Flucht vor fraulicher Nähe gefangen. Seine narzisstische Wut findet teilweise ihren kompensatorischen Ausdruck in der behaupteten Erziehungsnotwendigkeit der jungen Frauen und Mütter.

Das ödipale Trauma hingegen – auf die eigene Selbständigkeit abzielend - droht mit der Aufhebung der weiblich-mütterlichen Identifizierung. Fröbel hatte sich allerdings weder von den stützenden weiblichen Figuren seiner Kindheit stabilisieren können, noch standen ihm positiv väterliche Figuren zur Verfügung. Da ihm ein männliches Identifikationsobjekt als triangulierende Hilfe fehlt, behält die narzisstische Identifizierung die Oberhand. Freud (1916) bezeichnet die narzisstische Identifizierung mit dem (mütterlichen) Objekt als einen Mechanismus der Depression. Letztendlich bleibt die ödipalen Krise unabgeschlossen und stattdessen entfaltet eine weiblich-mütterliche Identifizierung ihre lebenslange Wirkung. Seine Scham erfüllt sich auch bei seinem wiederkehrenden Versagen, sich als männlicher Rivale klar darzustellen. Als realisierbare männliche Beziehungsstruktur ist für Fröbel die Teilnahme an dem Bündnis der Kameraden übrig geblieben.

Die Abhängigkeit von diesen Selbstobjekten ist eine nie versiegende Quelle existentieller Unsicherheit und mit starken Affekten verbunden. Da diese Gefühle unerträglich sind, werden sie mit den Mitteln abgewehrt, die der Struktur des Defekts entsprechen: Wer sich klein und abhängig fühlt, phantasiert sich groß, allmächtig und sieht sich gleichsam als Sohn Gottes auf Erden. Je geringer das Selbstgefühl ist, desto instabiler sind Gestalt und Wirkung des eigenen Größen-Selbst und um so glanzvoller fallen die Idealisierungen aus. Das erzieherische Handeln und unablässiges forschendes Nachdenken hierüber; erlaubt in besonderem Maße, die zerbrechlichen Teile eines solchermaßen beschädigten Selbst zusammenzufügen und zu etwas Neuem stabil zu verbinden.[208]

---

[208] Kraft, V. (1996): S.362ff

3.5 Verbrauch der Liebesobjekte

Bei dem britischen Psychoanalytiker Winnicott gibt es neben dem psychoanalytischen Begriff der „Objektbeziehung" den der „Objektverwendung"[209]. Das psychoanalytische objektbeziehungstheoretische Modell thematisiert die Entwicklungs- und Sozialisationsprozesse, die vor dem Erreichen der Selbst- und Objektkonstanz ablaufen. Es geht hierbei vor allem um die frühen Vorgänge der Verinnerlichung von Beziehungs- und Bindungserfahrungen des Kleinkindes und der Umwandlung solcher Erfahrungen in psychische Strukturen.

Der objektbeziehungstheoretische Bezugsrahmen vereint die Beobachtung der realen Interaktionen mit deren erlebnismäßigen psychischen Abbildungen. Die Objektverwendung hat was zu tun mit der Art „Verwendung" von ‚Liebes'-Objekten, von der in dieser Arbeit die Rede ist: mit der Selbstobjektfunktion z.B. von Frauen. Ein Begriff, den Winnicott in einer These formuliert, für eine oszillierende psychische Realität:

„Um ein Objekt verwenden zu können, muß das Subjekt die *Fähigkeit* zur Objektverwendung entwickelt haben. Dies ist Teil des Übergangs zum Realitätsprinzip."

Welchen Realitätsprinzips? Winnicott beschreibt die Vorstufe dazu in einem Paradox aus dem Bereich der „Übergangsphänomene". Das Kleinkind hat eine Mutter, aber es muss die Mutter auch für sich psychisch erschaffen, d.h., sie libidinös besetzen, sonst gibt es für das Kind keine Mutter.

Das Kleinkind erzeugt das Liebes-Objekt, aber die Mutter als reales Objekt war natürlich bereits vorher da. Eine „Realität" ist also da, sie ist aber erst wirklich wahrnehmbar da, wenn sie auch vom Kind seelisch erschafft und besetzt wird. Dies also die Vorstufe zur *Fähigkeit* der Objektverwendung, die ebenfalls entwickelt werden muss in einer Weiterentwicklung dessen, was ‚Objektbeziehung' heißt:

„Dieser Prozeß zwischen Objektbeziehung und Objektverwendung besteht darin, daß das Subjekt das Objekt außerhalb des Bereiches seiner eigenen omnipotenten Kontrolle ansiedelt; es handelt sich also darum, daß das Subjekt das Objekt als ein äußeres Phänomen und nicht als etwas Projiziertes wahrnimmt, also letzten Endes um die Anerkennung des Objektes als ein Wesen mit eigenem Recht."

Zunächst hat man das Objekt „geschaffen" (indem man es wahrnimmt, es liebt); nun ist es da und man realisiert seine Andersartigkeit, seine Distanz von ihm. Man akzeptiert es selbst in seinem Eigensein voll und ganz. Das bedeutet, sagt Winnicott weiter, dass das Subjekt das Objekt *zerstöre*.

Das entspricht dem Vorgang, in dem das kleine Kind vor dem Spiegel, sich „selbst" sich selbst als „Objekt" wahrnehmend, sich selber als Getrenntes be-

---

[209] Winnicott, D.W. (1973): S.103-110.

merkt. Es gelangt zu einer Wahrnehmung von sich selbst als ein von anderen abgetrenntes wesenhafte Eigenheit.

„Im Zusammenhang mit dem Narzissten gewinnt der Begriff ‚Objektbeziehungen' seine besondere Schärfe. Wir sind Objekte für ihn, und soweit wir selbst narzisstisch sind, sind Andere Objekte für uns. Der Narzisst sieht und hört und spürt nicht wirklich [...] die wahre Präsenz Anderer."

Mit Blick auf die beschriebenen Fröbel-Beziehungen kann man hinzufügen, dass die Stufe des Objektverbrauchs, von der mir scheint, dass sie in dem von Winnicott entworfenen sehr freien Sinn von Fröbel vor allem gegenüber den Frauen gelebt wird.

Indem er den Frauen, die sich oftmals in einer Lebenskrise befinden, zu neuen Lebensmut, zu einer neuen und sinnerfüllten Lebensweise verhilft, hält er sich selbst am Leben. Ihre Dankbarkeit, Aufmerksamkeit, Anerkennung ist der Nektar für seinen Resonanzhunger, der ihn unablässig dazu bringt, sich der Aufmerksamkeit der jungen Frauen zu bemächtigen. Die *Objektverwendung,* die Winnicott beschreibt, ist allmählich umgeschlagen in einen Objektverbrauch oder -missbrauch, in eine *Umarbeitung* des Objekts zu psychischen Überlebenszwecken des Subjekts. Der ausbeuterische Charakter dieses Verwendungsmodus kann den Betroffenen auf Dauer nicht verborgen bleiben.

Diese langjährige Erfahrung ihres „Verbrauches" als Selbstobjekte führt bei den Nichten letztlich zu ihrer späteren rigiden persönlichen Ablehnung Fröbels und wiederholt sich bei seinen anderen Frauenbeziehungen.

Fröbel hatte aus seiner narzisstischen Bedürftigkeit heraus versucht, seine Beziehungspartner, seine neuen Mitarbeiter, die er immer wieder gewinnen konnte, gleichsam als komplementäre Selbstobjekte zu verwenden. Das ist ihm teilweise und zeitweilig gelungen: Seine Hörer und Weggefährten konnten sich dem Zauber der narzisstischen Projektion des Pädagogen nicht immer entziehen. Doch Fröbel blieb auch abhängig von einer wohlwollenden Beziehungsgemeinschaft. Er war angewiesen auf ein bestätigendes Umfeld, das sowohl seinen persönlichen Narzissmus befriedigte als auch ihm seine Führungsrolle sicherte. Der Narzisst braucht stets ein (zumindest imaginäres) Publikum: Er benötigt Reflexion oder Resonanz, besser noch Kommunikationsmedien, die ihm seine Größe und Bedeutung, seine Wichtigkeit und Anerkennung bei den Anderen rückmelden. Beides zerfällt als die ökonomische und soziale Bestätigung ausbleiben. Und jedes Mal zeigt sich im Untergang die Kehrseite dieser brisanten Verbindung: Ein destruktives und zugleich selbstdestruktives Potenzial, das sowohl aus dem gekränkten Narzissmus als auch aus den befürchteten oder wirklichen Verlusten hervorgeht. Fröbel verbraucht seine Schülerinnen aber auch auf einer ökonomischen Ebene. Als Schülerinnen stehen sie auch immer in einer waren- und tauschförmigen Beziehung zu ihm. Lehrer- und Schülerinnen sind auf den Beziehungs- und Ökonomieebenen wechselseitig miteinander verbunden. Die enge gemeinsame Arbeit an der Ausbildung, an der Vervollkommnung der Fröbel-Pädagogik, an der wirtschaftlich erfolgreichen Durchsetzung von Kindergärten fördern Erlebnisweisen der raschen Folge von wechselseitigen Idealisierungen und nachfolgender rabiater Entwertung. Die starke persönlich-psychologische Abhängigkeit des alternden Fröbel von den jungen Frauen und seine ökonomische Abhängigkeit, um mit ihren Seminargeldern seine Unabhängigkeit vom Keilhauer Kreis zu erlangen, begünstigen diese wechselseitigen Abgrenzung bis Abwertungsaktionen.

Nur weniger markant, weil seine späteren Schülerinnen weder so eng familial mit ihm verbunden sind — wie er zuvor seine Nichtenbeziehungen gestaltet — noch ist der Generationsunterschied so enorm, noch sind sie vergleichsweise unerfahrene junge Mädchen. Von daher ist ihr Verbrauch weniger intensiv, und die Schülerinnen haben mehr Gelegenheiten der emotionalen Distanzwahrung.

Zu Lebzeiten Fröbels dient damit der Ausbildungsort „Kindergarten", die Ausbildung von jungen Frauen zur Kindergärtnerin, dem Gründer zum Selbstschutz seines fragilen Selbst.

Fröbel kann stets die Hoffnung hegen, an dem Sein der jugendlichen und lebendigen jungen Frauen teilzuhaben und dadurch das als minderwertig oder leer empfundene eigene Sein zu bereichern. Durch eine solche „narzisstische Partizipation" schlechthin bei allen Frauen, die bei ihm als Schülerinnen auftreten, hat Fröbel vielleicht seine Wünsche nach erweiterten Wahrnehmungs- und Erlebensmöglichkeiten erspüren können und auch entsprechende Hoffnungen gehegt. Er hat Empfindungen und Gefühle der eigenen Lebendigkeit in sich neu entdecken können, die er zuvor nicht kannte. So könnte diese narzisstische Teilhabe für Fröbel eine hoffnungsvolle Lebenspraxis für zukünftige Veränderungen darstellen. Doch sein Hunger nach Spiegelerfahrungen, ohne die Andere als eigenständige Person wahrzunehmen, zerstört oftmals das, was er immer sucht: Nähe und Anerkennung.

Gleichzeitig ruft sein Hunger nach freiwilligen Selbstobjekten eine Gegenbewegung bei den jungen Frauen hervor, die sich als gegenläufige starke Kraft eines Entfernungswillen äußert: Sie heiraten, sie gehen woanders hin oder sie distanzieren sich von Fröbels Welterklärungsmonopol. Je nach historischen und persönlichen Motivationslagen bzw. je nach ökonomischen oder intellektuellen Möglichkeiten.

Aber die jungen Frauen emanzipieren sich auch in einer anderen Hinsicht. Eingetreten in den Kreis der Schülerinnen sind sie oftmals als „*geknickte Existenzen*" (Marenholtz-Bülow). Die intensive Ausbildung im kleinstädtischen Blankenburg und die Arbeit mit den Kindern brachte ihnen Beifall, Zuwendung in bisher ungekanntem Maße. So wurde für viele von ihnen die Ausbildungszeit eine pädagogisch-therapeutische Förderzeit, in der sich alle drei Gruppen wechselseitig benötigten. Kinder, Ausbilder und Schülerinnen. Und alle profitieren von der wechselseitigen Anerkennung: Bis es den Erwachsenen gelungen ist, ihre psychische Stabilität neu aus zu tarieren und bis die Kinder alt genug sind, um die Einrichtung zu verlassen. So ist sich Henriette Breymann schließlich sicher:

> „Fröbel zu dienen, liegt mir freilich fern; der Idee zu dienen, zu opfern, wenn es Not tut, ist mein fester Wille [...]. Ich habe mich von jedem innern und äußern Einfluß von seiner Person frei gemacht." [210]

Bei der Entdeckung der Bildungsnotwendigkeit des Vorschulkindes, bei der Proklamation der Bildsamkeit des Kindes, bei der Deklamation des Eigenrechtes des Kindes auf Entfaltung seiner Persönlichkeit, fordern dies – zu mindestens im Umfeld der frühen Fröbelschen Kindergärten – Menschen, die selber in dieser kinderfreundlichen, menschenfreundlichen Grundsituation ihr eigenes persönliches Leid lindern. Hier kann sich eine unerkannte therapeutische Praxis entfalten. Die Ausbildungseinrichtung „Kindergarten" erweist sich derart als eine frühe Form pädagogisch-therapeutischer Pflegestation – vor allem für die Erwachsenen selbst, die ihr Feingefühl für die eigene Verletzbarkeit nun auch für die Entwicklung der Vorschulerziehung einsetzen. Der Kindergarten trägt aus seinen Anfangstagen das Signum einer kleinstädtischen Kommune mit psychologisierten Bildungs- und Heilpraktiken. Die beteiligten Erwachsenen profitieren von einer pädagogischen Dividende, die ihnen durch die Arbeit mit den Kindern zufällt. Die pädagogische Dividende benötigt einen Zögling, der erzogen werden muß und will und vertrauensvoll die identifikatorische Nähe zu dem Pädagogen sucht. Zögling und Erzieher sind durch einen stillschweigenden, wechselseitigen Anerkennungsmodus aufeinander verwiesen. Durch die kindliche Anerkennung fühlen sich die Erzieher wichtig und gebraucht, d.h. ihr Selbstwertgefühl wird gestärkt. Das Gefühl, gebraucht zu werden, verleiht Pädagogen eine große Genugtuung und Bestätigung. Je dankbarer, zutraulicher der Zögling, umso kraftvoller und lebendiger können sich Pädagogen empfinden. Je bedürftiger der Erwachsene auf die kindliche Anerkennung angewiesen ist, umso versteckter besorgt er sich beim Zögling seine benötigten Trost- und Anerkennungsrationen.

Wechselt man den Standpunkt des Beobachters, um Erscheinungen dieser Art zu beschreiben, löst man sich von psychologisierenden Perspektiven, so kann sich eine erweiterte mediale Wahrnehmung auf die sich ausbreitende Praxis des pädagogischen Diskurses auftun. Ein aufmerksames Empfinden, dass das Hören mit einbezieht. Nun kann man das neuartige Raunen der Menschen wahr-

---

[210] Schrader-Breymann, H. (1849): zitiert nach Lyschinska, M. (1922): Band I. S.142

nehmen. Romantisches Selbst- und Weltempfinden verbinden sich mit dem liberalen bürgerlichen Selbstverständnis. In diesen Momenten wird das Bedürfnis etwas über sich zur Sprache zu bringen groß. Zum einen ist es das Sprechen über sich und andere als Chance zur Entwicklung der nun selbstverfassten Persönlichkeit. Bildeten in den Jahrhunderten zuvor Buße und Gnadenerfahrung die Initialzündungen für einen persönlichen Wachstumsschub, ist es jetzt die Erziehung und am Rande, die selbsterzieherische Arbeit durch übende Bildung. Mit den aufklärerischen Praktiken pädagogischen Handelns formen sich psychologische Schutz-, Abwehr- und Selbsterhaltungspraktiken heraus. Mit deren Hilfe gelingt es den Menschen nun häufiger, sich ihrer Verwundbarkeit durch das Schicksal, ihre gedanklichen Kerker, intellektuell zu entledigen, indem sie sich Formen von imaginären Vorwegnahmen und mentale Rüstungen aneignen.[211]

Die Pädagogik tritt dabei in dem Moment auf die gesellschaftliche Bühne, in dem durch die zunehmende Säkularisierung der europäischen Psyche die religiöse Gebundenheit des Menschen in diverse Programme der kontrollierten Übung von kulturell notwendigen Haltungen und Kompetenzen überführt wird.

Damit unauflöslich verbunden ist das Reden über sich und Andere als ein integraler Bestandteil des neuen Selbstbewusstseins. Zuvor dominiert zuvor jahrhundertelang das intime Gespräch des Betens als stummer Dialog. In beiden Fällen sucht man jeweils gerne die Position des Sprechenden auf. Die Zuhörerrolle weist man lieber dem Anderen zu. In den frühen Tagen optimistischer Auskünfte über pädagogischen Handeln und gesellschaftlichem Wandel wächst in der Kindergartenbewegung ein umwälzend anderes persönlichkeitsstabilierendes Immunsystem heran. Die PädagogInnen reden zwar über fremde Kinder, doch sie fühlen sich in ihnen wieder erweckt und organisieren auf dieser Empathiebrücke ihre verantwortliche Bereitschaft. Dieser neue Diskurs- und Übungsraum bildet eine bergende Hülle für das verletzliche pädagogische Ich, das nun endlich – vermittelt über Erziehungsfragen – über sich sprechen und - stellvertretend über die Kinder - sich praktisch helfen lassen kann. So figuriert sich der Wunsch zu erziehen als ein Bedürfnis des Erziehers heraus. Im Spannungsfeld von Pädagogik und Bedürfnis werden zu Unrecht immer nur die kindlichen Bedürfnisse herausgehoben. Doch die Bedürfnisse des Erziehers selbst bleiben stets unausgesprochen wenn nicht gar verborgen.

Nebenbei konfiguriert das Pädagogisieren die weltanschaulichen Startlöcher für die Veränderung der eigenverantwortlichen Lebenspraxis.

Der Literaturwissenschaftler F. Kittler behauptet, dass das ausgehende 18. und die erste Hälfte des 19. Jahrhunderts vor allem in den Texten der Romantik und eine neue Kommunikationssituation zwischen sprechender Mutter und Kind

---

[211] Sloterdijk, P. (2009): S.22

beschworen. Durch das vorgeschriebene Ansprechen des Kleinkindes entstehe ein neuer Typus des Individuums, der über eine gesteigerte Selbstwahrnehmung verfüge. Tatsächlich ist Fröbels Anleitung zur Kleinkinderziehung ein Text- und Gesangsbuch für Mütter („Koselieder"). Der Kindergarten bildet das erste große gesellschaftliche Experimentierfeld für den neuen Mutter-Kind-Dialog bevor dann diese intensive Kommunikationssituation in die bürgerliche Familie einsickert und zum Kompetenzstandard der Mütter avanciert.

Wer in den Kindergarten eintritt, befindet sich in einem „Garten des Menschlichen" (C. F. v. Weizsäcker). Gärten sind umfriedete Pflanz- und Wachstumszonen, in denen Wachstumswünsche-, ansprüche und verständiges Wissen mit Praktiken zusammentreffen. Wer diese menschlichen Gärten betritt, stößt auf mächtige psycho-dynamische Ströme, die sich in ihrer psycho-immunologischer Stärkung auf alle Besucher auswirken.

Doch irgendwann muss sich auch das letzte Gespräch in pädagogisches Handeln transformieren. So kann sich dann letztendlich ein sprachloses Begehren der betroffenen Erwachsenen organisieren, das sich als neuartiges pädagogisches Denken und Handeln zu Gunsten kindlicher Schutzbefohlenen verausgabt und als ein moralphilosophisches formuliertes Ziel für die sich industrialisierende Gesellschaft öffentliche Anerkennung findet.

Mir erscheint die spontane Begeisterung Fröbels symptomatisch für die Erfrischung, Wieder-Belebung des Erziehers durch kindliche Beziehungsangebote. 1805 berichtet er seinem Bruder Christop über das neue Lebensgefühl, das sich bei ihm einstellt als er sich zum ersten mal als Lehrer vor Kindern erlebt.

> *„ es ist mir, als wäre ich schon längst Lehrer* gewesen und eigentlich zu diesem Geschäfte geboren.[...] Du kannst nicht glauben, wie angenehm mir die Stunden verfließen; ich habe die Kinder alle so herzlich lieb und sehne mich oft zu ihrem Unterrichte." [212]

Wie filigran die individuelle Balance zwischen distanzierter Parteilichkeit zu Gunsten kindlicher Entwicklung und eigener Bedürftigkeit bleibt, zeigen die Berichte von der Rückseite der Geschichte der Pädagogik: Die Beschreibungen von Katharina Rutschky aus den Gründungstagen einer Schwarzen Pädagogik. Im pädagogischen Enthusiasmus verbirgt sich grundsätzlich ein Begehren, das sich vordergründig einem humanistischen Nützlichkeitssystem von Bildungserfordernissen unterwirft. Derart maskiert kann es sich dann in starken Ambivalenzen äußern. Der Gründungsvater der Kindergartenidee lässt sich mit seinen Beziehungswünschen derart als ein prä-prototypisches Modell des Pädagogen erkennen, das die eigene Bedürftigkeit und ein Pädagogisieren in sich vereint.

---

[212] www.bbf.dipf.de/editionen/froebel/fb1805-08-24-01.html. Stand: 30. Januar 2008

Fröbel hat aus seiner narzisstischen Bedürftigkeit heraus versucht, seine Beziehungspartner, seine neuen Mitarbeiter, vor allem seine Schülerinnen, die er immer wieder gewinnen kann, gleichsam als komplementäre Selbstobjekte zu verwenden. Das ist ihm teilweise und zeitweilig gelungen. Seine Hörer und Weggefährten können sich dem Zauber der narzisstischen Projektion des Pädagogen nicht immer entziehen. Doch Fröbel bleibt auch abhängig von einer wohlwollenden Beziehungsgemeinschaft. Er ist angewiesen auf ein bestätigendes Umfeld, das sowohl seinen persönlichen Narzissmus befriedigt als auch ihm seine Führungsrolle sichert. Der Narzisst braucht stets ein (zumindest imaginäres) Publikum. Er benötigt Reflexion oder Resonanz, besser noch Kommunikationsmedien, die ihm seine Größe und Bedeutung, seine Wichtigkeit und Anerkennung bei den Anderen kontinuierlich rückmelden. Beides zerfällt, als die ökonomische und soziale Bestätigungen für ihn ausbleiben. Und jedes Mal zeigt sich im Untergang die Kehrseite dieser brisanten Verbindung: Ein destruktives und zugleich selbstdestruktives Potenzial, das sowohl aus dem gekränkten Narzissmus als auch aus den befürchteten oder wirklichen Verlusten hervorgeht.

4 Der Kindergarten und die Gärtnerin – Chimären[213]

Es lassen sich drei relevante inhaltliche Kontexte, die bei der Institutionalisierung des Kindergartens eine Rolle spielen, hervorheben.

Zum einen sind es die Lebensumstände und Bedürfnisse der historischen Person Friedrich Fröbels.

Zum anderen reagieren Frauen und Mädchen erst im dritten Anlauf außerordentlich positiv auf sein Konzept der Kleinkinderziehung, auf sein Ausbildungsangebot zur Kindergärtnerin.

Und zum dritten stößt sein Thema „Weiblichkeit/Mütterlichkeit" als Berufsqualifikation auf ein für ihn nicht vorhergesehenes öffentliches Interesse intellektueller Frauen, die als Initiatorinnen eine Berufspraxis für junge Frauen in die Wege leiten wollen. Hierbei spielt sicherlich ein Rolle, dass das liberale Bürgertum die Kleinkindererziehung als ein Mittel betrachtet, um mit diversen Vereinen, die Erringung bürgerlicher Freiheiten zu festigen. Die Bildungs- und Erziehungsvereine fungieren dabei als eine Basis der politisch organisierten bürgerlichen Kräfte und bilden diverse Auffangbecken für die gescheiterten liberalen Umstürzler von 1848. Die Entwicklung des Kindergartens ist damit nur im Kontext von wirtschaftlichen, politischen und gesellschaftlichen Änderungsprozessen angemessen zu verstehen.

Lebensumstände und Konzeptbildung

In den Jahren seines Schweizer Aufenthaltes (1831-1836) macht Fröbel eine massive Persönlichkeitskrise durch. Als psychologisch bedeutsamen Hintergrund lassen sich die Folgen seiner diversen Beziehungsverluste (Selbstobjektverluste) angeben und parallel dazu die faktische Aberkennung seiner Führungsrolle in der Keilhauer Gruppe. Die hat jetzt der Mann inne, der auch noch die Liebe seiner heimliche „Braut" gewinnt. In dieser Phase arbeitet Fröbel unablässig daran, sich seiner „Identität durch Rekonstruktion seiner Lebensgeschichte" (Heiland) zu vergewissern. Mit diesem Rekonstruktionsprozess versucht er zugleich die Legitimation seines Erziehungsauftrages, die Eigenständigkeit und Qualität seiner Pädagogik herauszustellen. Fröbel hat vielfach in seinen Briefen nicht nur Fragen und Probleme der Erziehung beschrieben und diskutiert, son-

---

[213] Die Chimäre ist ein Mischwesen der griechischen Mythologie. Davon ausgehend wurde der Begriff Chimäre später auf alle Mischwesen ausgedehnt. Homer beschreibt sie in der Ilias als feuerspeiendes Mischwesen mit drei Köpfen: dem eines Löwen, im Nacken dem einer Ziege, und als Schwanz hat sie den Kopf einer Schlange oder den eines Drachen. Vgl.: http://de.wikipedia.org/wiki/Chimäre_(Mythologie). Stand: 10.11.2010

dern auch zugleich damit sein eigenes Leben insgesamt zu bestimmen versucht. Insofern spiegeln gerade seine Schweizer „Lehr-Briefe", den autobiografischen Hintergrund seines anstrengenden Selbstverortungsbemühens.

Als Fröbel die Schweiz verlässt, muss er erkennen, seine dortigen Projekte werden keinen Bestand haben. Zudem weiß er sich in seinem alten Keilhauer Kreis ungern gesehen. Nachdem er sich mit seiner Frau wieder in Deutschland niederlässt, verschlechtert sich der Gesundheitszustand seiner Frau, und sie stirbt 1839. Mit ihrem Tod verliert er seine wichtigste seelische Stütze. Nun erlebt er sich dringend genötigt für seine psychische Stabilität neue Selbstobjekte zu gewinnen. Es ist nicht zufällig, dass er in diesen Jahren eine immense Arbeitsintensität und rastlose Reise- und Vortragstätigkeit entwickelt – immer auf der Suche nach Zuhörern und Zuhörerinnen.

In dieser Zeit entdeckt er die Kleinkinderziehung und widmet sich — nach zuerst zögerlichem Zuspruch — zunehmend mehr der Ausbildung von jungen Frauen.

Fröbel 1837 gründet eine „autodidaktische Anstalt", die im gleichen Jahr in „Anstalt zur Pflege des Beschäftigungstriebes der Kindheit und Jugend" umbenannt wird. Dabei handelt es sich um einen Betrieb, in dem die von Fröbel entwickelten „Gaben" produziert werden sollen. 1838 wird dieser Einrichtung eine Ausbildungsstätte angegliedert. Kindergarten, Produktionsbetrieb und Ausbildungsstätte bilden von Anfang eine betriebliche Einheit.

Es gibt einige Skizzen des Ausbildungsplans für Erzieher/Spielführer/Kindergärtner aus den Jahren 1839/40. Hier gibt es Hinweise auf die Struktur der Spielpädagogik, als eine die die kindliche Spielaktivität beeinflussende Spiellenkung. Bei der Spielpflege stellt sich für Fröbel die Frage, wer ist besser geeignet, um in seiner „Wesensart" das Kind zu erreichen: Das „Wesen" des männlichen Spielführers oder das der fraulich/mütterlichen Kindergärtnerin. Fröbel hat zunächst eine Präferenz für den männlichen Spielleiter, weil dieser der Dynamik der kindlichen Spielaktivität kräftemäßig besser zu entsprechen vermöge.

Aber diese Begründung verschwindet ab 1840 weitgehend aus seinen Schriften. Wie kommt es zu diesem bedeutsamen Wandel in der Beurteilung, wer besser geeignet sei, eine kindgerechte Pädagogik umzusetzen? Vordergründig ist die Abkehr ganz einfach, es melden sich kaum Männer für diesen Job mit unklarer Ökonomie.

Fröbel betont nun die spezifisch „weiblichen" Eigenschaften des „Sittigen", „Gesanglichen" und „Ordentlichen" als entscheidend für den Beruf der Kindergärtnerin.[214] Seine Kindergartenidee richtet sich bis 1844 ausschließlich an Frauen. Doch erneut erlebt er bei ihnen ebenfalls nur wenig Resonanz.

Ab 1845 beginnt Fröbel wiederum verstärkt für die Idee eines Väter- und Männervereins zu werben. Der Hintergrund dafür ist das Interesse des ehemaligen Heidelberger Geschichts-Professor Karl Hagen, der aufgrund seines demokratischen Engagements von der Universität entlassen wurde und jetzt als freier Publizist arbeiten muss. Denn Fröbel erkennt, das die Gedanken zum nationalstaatlichen Charakter, Karl Hagen und andere etliche Männer bewegen, die in der Zukunft vielleicht über großen ökonomischen Einfluß verfügen würden. Damit könnten sie ihm im Einzelfall bei der Gründung einer Erziehungsanstalt finanziell und administrativ behilflich werden.

Aber um aktuell für die wenigen Kurse zur Ausbildung von Kindergärtnerinnen genügend Teilnehmerinnen zu bekommen, muss Fröbel letztlich jeden annehmen, der die Ausbildung absolvieren will. So bilden für ein halbes Jahr in Dresden (1848/49) nun „Jungfrauen und Frauen, Lehrerinnen und Erzieherinnen, Jünglinge und Männer, Lehrer und Väter" (Prüfer) die Kursteilnehmerinnen. Von geschlechtsdifferenter Ausrichtung in der Ausbildung ist dann keine Rede mehr. Die vorher in den verschiedenen Briefen formulierten besonders positiven Eigenschaften, Kompetenzen von Männern oder Frauen spielen endgültig keine Rolle mehr. Hauptsache ein voller Kurs bringt den notwendigen ökonomischen Gewinn zur Sicherstellung der eigenen wirtschaftlichen Existenz.

Zudem proklamiert er, dass weiblich-mütterliche Wesen sei besonders geeignet für die Kleinkindererziehung. Im Gegensatz zu den Männern attestiert er den Frauen aber gleichzeitig eine mangelnde Erziehungskompetenz: Mütterlichkeit als Verzärtelung stellt er als schwere Verfehlung heraus. Überraschenderweise reagieren bei diesen doppelbödigen Botschaften gerade Frauen positiv auf seine Konzepte.

Es erweckt den Eindruck, dass das Angebot, ihre unzureichende weiblich-mütterliche Kompetenz durch männlich konzeptionierte Bildung aufzuheben, bei ihnen erst eine Nachfrage initiiert. Gleichzeitig wird aus dieser ungeplanten, naturwüchsigen Entwicklung der Nachfrage für Fröbel ein persönlicher Glücksfall. Die Ausbildung von Spielführerinnen bietet ihm die einzigartige Möglichkeit in diesen persönlichen Krisenjahren sich selbst zu helfen, um sein Bedürfnis an Selbstobjekten zu befriedigen.

Er entwickelt in Folge neue Argumentationsketten, warum Frauen besonders geeignet seien. Hier vermischen sich dann zudem zeitgenössische Aspekte mit

---

[214] Hingegen geht der gegenüber Howe (Brief v. 18.4.1847) entwickelte Ausbildungsplan mit seinen 12 Tätigkeitsfeldern überhaupt nicht auf das „Wesen" der Kindergärtnerin ein. Vgl.: Pösche, Hermann (1887): S.192-194. In: Heiland, H. (1998): S.290

seinen lebensgeschichtlich begründeten Motivsträngen zu einer werbestrategischen Argumentationskette.

„Je ungeteilter ich mich der ersten Kinderpflege hingebe, desto mehr sehe ich ein, dass dasjenige, was notwendig für die erste Erziehung des Menschengeschlechts, für die Kindheit geschehen muß, am wenigsten durch den Mann, und besonders nicht durch ihn vereinzelt, geschehen kann, sondern daß ihm vor allem der weiblich mütterliche Sinn der Frauen die weiblich mütterliche Liebe zur Seite stehen muß."[215]

Fröbel begründet, dass die spezifisch mütterlichen Eigenschaften der Frau allerdings der Bildung und männlicher Pflege bedürfen, um voll zur Entfaltung zu kommen. Und in Fröbels Plan über die Einführung eines Kindergartens wird an der Person der Kindergärtnerin deutlich, dass die mütterlichen Erziehungspotenzen nicht nur bildungsfähig, sondern bildungsbedürftig und sogar auch von der leiblichen Mutterschaft unabhängig sind. Die „natürliche" Einheit von Mutter und Kind wird im Kindergarten aufgespalten - auf dem Weg über eine pädagogische Ausbildung der Frau - gewissermaßen künstlich reproduziert. Damit wird die Möglichkeit herausgestellt, die leibliche Mutterschaft erstmals in eine professionelle Umgangsweise zu transformieren. Zum anderen ist es die Adaption und Umarbeitung seines eher biologistisch und christlich-religiös (Marienkult) begründeten Mütterlichkeitskonzeptes durch die Nachfolgerinnen zur „geistigen Mütterlichkeit" als einer besonderen weiblichen Kulturleistung.

Diese Spaltung naturwüchsiger weiblicher Kompetenzen wird dann fortgeführt und äußert sich in erlernbaren empathischen Beziehungsfähigkeiten und didaktisierbar, im mühselig kleinschrittigen Lehr-/Lernablauf mit Unterrichtsgegenständen.

Seine Schülerinnen müssen also in zweifacher Weise gebildet werden. Sie werden mit seinem Pädagogikprogramm vertraut gemacht. Zum anderen durchlaufen sie ein pädagogisch-therapeutisches Fortbildungsprogramm. So scheinen die neuen pädagogischen Praktiken - zwar für Kinder ausgedacht - potentiell dazu zu führen, dass das eigentliche Zielobjekt die „Frau" in ihren sozialen Ausprägungen als „Mutter" mit ihrer „Weiblichkeit" ist. In institutionalisierten Orte zielen die Praktiken auf eine neue Relationierung der Wahrheit über das Wesen der Frau. Der Kindergarten beteiligt sich damit als Ausbildungsstation frühzeitig an der Transformation weiblicher Seinsweisen. Parallel dazu beginnt im gesellschaftlichen Umfeld ein breiter rhetorischer Strom von Aussagen und Auskünften zu mäandern, wie Mädchen, Frauen und Mütter ihre neue Weiblichkeit erlangen können.

---

[215] Fröbel, F. (1839): Brief an die Fürstin von Schwarzburg-Rudolstadt. Vgl.: www.bbf.dipf.de/editionen/froebel/fb1839-12-23-01.html. Stand: 30. Januar 2008.

Kleinkindererziehung als Selbsthilfe

Es ist kein Wunder, dass Fröbels konzeptionelle Nachfolgerinnen das Gefängnis der naturgegebenen mütterlich-fraulichen Erzieherin zu Gunsten einer berufsfachlichen Ausbildung aufbrechen.

Diese neuen Praktiken und Diskurse sind in gesellschaftliche Machtkonfigurationen konstitutiv eingebunden. Sie produzieren ungewohnte Wahrheiten über das Wesen, der Frau, über eine Berufsausbildung von Frauen und über die richtige Kindererziehung. Pädagogik als Sammlung normativer Praktiken organisiert weibliche, mütterliche Identität an einer Differenzlinie der Vergeschlechtlichung der Berufsarbeit — mit oder ohne Entlohnung. Weil die Ökonomisierung der Kleinkinderarbeit gleichzeitig als ideologische Produktionsmaschine von weiblicher, mütterlicher Seinsweise fungiert, ist es klar, dass damit männliche Mitarbeiter grundsätzlich die unpassende Geschlechtszugehörigkeit aufweisen. Dort wo die jungfräuliche Wahrheit über die Wesenhaftigkeit der Frau in einem neuartigen gesellschaftlichen Raum produziert wird, wollen vor allem - in einem Akt von Emanzipation - Frauen erstmals selber diese Wahrheitsmaschinerie steuern. Der Kindergarten schließt damit männliche Teilhabe begreiflicherweise aus. Die institutionellen Diskursfreiräume des Kindergartens bieten zudem eine vorerst triadische Entgegensetzung gegenüber Privatheit und männlichkeitsdominierter gesellschaftlicher Öffentlichkeit. Die ersten Formen des Kindergartens sind nicht bloß auf die vermeintlichen kindlichen Adressaten hin ausgerichtet, sondern fungieren als sozial-psychologische Immunsysteme für die Aktivistinnen, die in der Pädagogik die Linderung ihrer Leidenschaften entdecken.

So lässt sich eine Doppelwirkung ausmachen, die auf die Herstellung von Verkörperungen neuer geschlechtlicher Normierungen setzt.

Bisher stand die Mutterschaft, die die Natur von Frauen symbolisiert, im Zentrum der männlich-theoretischen Konstruktion von Weiblichkeit. Ihre Naturhaftigkeit schließt sie von der Politik und dem Recht auf Staatsbürgerschaft aus. Nun wird im pädagogischen Diskurs der männlichen Theoretiker ihnen auch eine verzärtelnde Erziehung vorgeworfen. Fröbels gelehrige Schülerinnen wie Marenholtz-Bülow und Schrader-Breymann kehren die Argumentationslinie um: Sie erheben den bisherigen defizienten Zustand „Natur" zum Ziel. Frauen sind aufgrund ihrer naturhaft gegebenen Fähigkeiten nicht nur die besseren Erzieherinnen, sondern tragen zur Kultivierung der rationalen männlichen Welt entscheidend bei. Auf der subjektiven Seite bilden dabei die häufig anzutreffenden Lebenskrisen der Frauen, eine gute Voraussetzung, um solche Modellierungsprozesse von Subjektivität zu fördern. Ihre beleidigte Weltwahrnehmung, ihre gar traumatisierte Welterfahrung wird zum Ausgangspunkt für ein kompensatorisches Projekt, das vordergründig erziehungsresistenten Kindern oder bildungsvertriebenen Familien dienen soll.

Elitäre, missionarische und ahistorische Elemente in den theoretischen Begründungskontexten der weiblichen Wegbereiterinnen des Kindergartens gehen einher mit karitativen Rettungsphantasien. Die Leistungen der nachfolgenden Schülerinnen (z.B. Johanna Goldschmidt, Henriette Goldschmidt, Eleonore Heerwart, Doris Lütkens) bestehen darin, aus meist diffusen, inkohärenten Ableitungen von Weiblichkeit, Mütterlichkeit konkrete Handlungsweisen für eine professionelle Mütterlichkeit abzuleiten. Die Kohärenz und Kontinuität stellen sich in der Folge durch kulturelle Praktiken im gesamten sozial-karitativen Bereich oder gar durch gesetzgeberische Umsetzungen dar. Faktisch war die Idee des Kindergartens aufgeteilt in den rhetorischen Freiheitsdiskursen von Weiblichkeit, den von den großen Schülerinnen verorteten defizitären Erziehungskompetenzen der unteren sozialen Schichten und einer fachlichen pädagogischen Praxis in den Kindergärten.

Für die weitere Entwicklung zu einem reinen Frauenberuf spielt in der nachfröbelschen Epoche die „Familien- bzw. Mütterideologie" eine zunehmende Rolle, nach der kleine Kinder zur Mutter gehören. Erst in den Folgejahren wird der Kindergarten, vor allem durch die hochmotivierten Fröbelinterpretinnen, endgültig eine Domäne von Frauen. Die Erzieherinnen sollen im Sinne einer „geistigen Mütterlichkeit" für die Kinder in diesem Alter sorgen. Diese Argumentationslinie wird weiter ausgebaut. Die Ausbildung von Mütterlichkeit als Berufsqualifikation wird eine tragende Säule des gesellschaftlichen Emanzipationskonzepts der gemäßigten bürgerlichen Frauen in Deutschland. Erziehungstätigkeit und soziale Hilfstätigkeit der bürgerlichen Frauen und Töchter im öffentlichen Raum bieten die Chance einer selbständigen Tätigkeit jenseits von Ehe und Familie, die der gesellschaftlichen Stellung entspricht, an die vorherrschenden kulturellen Deutungen anknüpft und zunehmend sozial geachtet wird.

Dabei bringt das dominante kulturelle Muster, nach welchem Frauen nur als vom Mann her definierte Wesen ohne gesellschaftliche Eigenständigkeit verstanden werden kann, eine Berufsvorstellung hervor, die am Ideal-Bild der Mutter orientiert ist und nicht etwa am Bild des autonom handelnden männlichen Subjektes.[216] So bleiben von Anfang an die weiblichen Erziehungsleistungen für eine Kleinkinderziehung nicht nur in der Ausbildungsphase weitgehend unter männlicher Kontrolle. Gleichzeitig werden männliche Kollegen im Berufsfeld eher zurückgedrängt. Diese Spannung kennzeichnet den Konstituierungsprozess des Berufsfeldes.

---

[216] Rabe-Kleberg, U. (1988): S.29

Mütterlichkeit als Berufskompetenz

Das samaritanische und caritative Denken der unzufriedenen Frauen aus großbürgerlichen/adligen Häusern verbindet sich mit einem Pragmatismus, der sich einen Platz an der aufgehenden Subventionsszene der vorrangig privaten Gönner verschaffen will.

So sind es eben nicht überwiegend bürgerliche Frauen, die sich in der öffentlichen Kleinkindererziehung (Kleinkinderbewahranstalten und Kleinkinderschulen) praktisch betätigen. Es sind Frauen aus sehr unterschiedlichen gesellschaftlichen Kreisen. Von Anfang an bildet sich dabei eine klare Arbeitsteilung heraus. Die großbürgerlichen und adligen Frauen übernehmen die Führungsrolle in der Öffentlichkeit. Sie sind es, die die Ausbildungs- und Professionalisierungsfrage für junge Frauen auf der Grundlage der Kleinkinderziehung fortführen, in dem sie Kindergartengründungen anregen, in Fröbelseminaren als Lehrerinnen wirken, diverse Kindergartenvereine gründen, sich in Wort und Schrift für Friedrich Fröbel und den Kindergarten einsetzen. Sie sind es, die die Idee des Kindergartens ins Ausland tragen, z. B. nach England, Frankreich und in die USA, nach Italien und in die Schweiz.[217] Die Erziehungsarbeit in den Kindergärten, die pädagogische Kärrnerarbeit, machen Frauen aus weniger begüterten Familien.

Die öffentlichkeitswirksamen Vertreterinnen der Kindergartenpädagogik, die Fröbels Modell auch während des zehnjährigen, politisch motivierten Kindergartenverbots weitertragen, verbinden mit ihrem Einsatz für die „neue" Erziehung freilich nicht nur das Wohl der Kinder, sondern sehen in diesem Engagement auch die Möglichkeit, die rechtliche, politische und berufliche Situation der Frauen zu verbessern. Mit der Kindergartenbewegung des 19. Jahrhunderts verbindet sich ein gebändigtes Konzept von Weiblichkeit, das für die Geschichte der Frauenbewegung und -bildung überaus bedeutsam wird, vor allem aber für den Prozess der Verberuflichung sozialer Arbeit in der zweiten Hälfte des 19. Jahrhunderts. Obschon das Fröbelsche Modell Väter und männliche Erzieher zu Beginn explizit einschließt, erfahren Mütter und Frauen als Erzieherinnen die eigentliche Aufwertung – aufgrund der ihnen zugeschriebenen naturgegebenen Fähigkeiten zum gefühlvollen Umgang mit ihren Kindern bzw. ob ihrer Fähigkeit, auch jenseits leiblicher Mutterschaft soziale Mütterlichkeit im Sinne einer natürlichen Berufung zu praktizieren. Diese Weiblichkeitskonstruktion rekurriert auf einen in der Natur, gleichsam im Wesen der Frau begründeten weiblichen Geschlechtscharakter.

---

[217] Berger, M. (o.J.):Frauen in der Geschichte des Kindergartens. www.kindergartenpaedagogik.de/170.html. Stand:10. 01. 2010

Als die durch die Natur vorgegebene Legitimation ihres Anliegens gilt ihnen die in eben jenem weiblichen Geschlechtscharakter verankerte „geistige Mütterlichkeit". Ihrem Kampf für bürgerliche Frauenrechte, die sie aus der Enge des privaten Bereichs, aus den intellektualisierten Lesezirkel der Salons, in die gesellschaftlichen Öffentlichkeit führen soll, unterlegen sie mit Argumenten, welche das spezifisch Weibliche betonen. Im Rückgriff darauf versuchen sie, ihre Ansprüche, die insbesondere auf berufliche Tätigkeiten abheben, geltend zu machen, ohne den Männern deren angestammte Domänen streitig machen zu wollen. Insofern liefert gerade dieses Paradigma der „geistigen Mütterlichkeit" Begründungen für eine Sozialarbeit. Die dringend notwendigen weiblichen „Wesenskräfte" sind nach dieser Logik bisher eingesperrt in der Privatheit des bürgerlichen Haushaltes und sollen nun als weibliche Kulturleistung in den öffentlichen Raum dringen, um die „kalte Rationalität" der Männergesellschaft mit weiblicher Emotionalität und Fürsorge zu „verfeinern".

Im Konzept der „geistigen Mütterlichkeit" von Henriette Schrader-Breymann nimmt konkrete Gestalt an, was den komplementär und in Oppositionen, zugleich aber hierarchisch angeordneten Geschlechtervorstellungen jener Zeit entspricht. In ihm wird die Auffassung der Geschlechterdifferenz und -polarisierung vertreten und die Frau wird als Gebärerin und Mutter, als das liebevoll-fürsorgliche Wesen angesehen. Der ideologisch-idealistisch konstatierte Wesensunterschied zwischen Mann und Frau, bzw. der programmatische Anspruch einer „geistigen Mütterlichkeit" als weibliche Kulturaufgabe, unterläuft damit Emanzipationsbestrebungen, die die Totalität bürgerlich-patriarchaler Verhältnisse in Frage stellen wollen.

Aus den Anfangstagen des Kindergartens haben sich bis heute entsprechende psycho-affektive wie organisationspsychologische Selbstverortungsdefinitionen und -praktiken in der Berufsrolle der Kindergärtnerin erhalten

Literaturverzeichnis

Balint, Michael (1982): Frühe Entwicklungsstadien des Ichs. Primäre Objektliebe. In: Kutter, Peter (Hrsg.): Psychologie der zwischenmenschlichen Beziehungen. Psychoanalytische Beiträge zu einer Objektbeziehungs-Psychologie. Darmstadt

Behnken, Imbke/ Zinnecker, Jürgen (Hrsg. 2001): Kinder – Kindheit – Lebensgeschichte. Ein Handbuch. Seelze.

Berger, Manfred: Frauen in der Geschichte des Kindergartens: Bertha von Marenholtz-Bülow. In: Textor, Martin R. (Hrsg.): Kindergartenpädagogik. Online-Handbuch. www.kindergartenpaedagogik.de. Stand: 09.2010

Berger, Manfred: Frauen in der Geschichte des Kindergartens: Julie Traberth. Vgl. www.kindergartenpaedagogik.de/551.html. In: Textor, Martin R. (Hrsg.): Kindergartenpädagogik. Online-Handbuch.

Bergeron, L./ Furet, F./ Koselleck, R. (Hrsg., 1969): Das Zeitalter der europäischen Revolution 1780-1848. Frankfurt/Main

Biedermann, Hans (2004): Knaurs Lexikon der Symbole. München

Billmann-Mahecha, Elfriede (1994): Qualitative Sozialforschung in der Psychologie der Weimarer Republik: Beispiele aus der Kinder- und Jugendpsychologie. Psychologie und Geschichte. Heft 5

Bittner, Günther (1988): August und Ariadne. Über die Geburt von Fröbels Erziehungsphilosophie aus dem „Anima"-Erlebnis. In: Bittner, G.: S.140-154

Bittner, Günther (1988): Das Unbewußte – ein Mensch im Menschen? Würzburg

Borgwardt, M. (2000): Eleonore Heerwart, Auguste Möder und Julie Traberth. Studien zur Biographie, Bibliographie und Nachlasssituation drei bedeutender Eisenacher Fröbelpädagoginnen, Augsburg (unveröffentl. Diplomarbeit)

Bruyn, Günter de (1995): Das erzählte Ich. Über Wahrheit und Dichtung in der Autobiographie. Frankfurt/Main

Busch, Hans-Joachim/ Leuzinger-Bohleber, Marianne/ Prokop, Ulrike (Hrsg., 2003): Sprache, Sinn und Unbewusstes. Zum 80. Geburtstag von Alfred Lorenzer. Tübingen

Denner, Erika (1998): Fröbel und die Frauen. In: Heiland, Helmut/ Neumann, Karl (Hrsg.): Friedrich Fröbel in internationaler Perspektive. Fröbelforschung in Japan und Deutschland. Weinheim S.155-168

Diesterweg, F.A. (1967): Sämtliche Werke. Band IX. Berlin

Fiedler, Peter (1994): Persönlichkeitsstörungen. In: Reinecker, H. (Hrsg.): S.219–266

Flitner, Wolfgang (Hrsg., 1986): Friedrich Fröbel: Briefe und Dokumente über Keilhau. Erster Versuch der Sphärischen Erziehung. Hoffmann, Erika (Hrsg.): Stuttgart

Freud, Sigmund (1910): Über einen besonderen Typus der Objektwahl beim Manne. In: Freud, S. (1999): Gesammelte Werke. Band VIII. Frankfurt/Main. S.66-77

Friedrich Fröbel-Museum (Hrsg., 2000): Anfänge des Kindergartens. Bad Blankenburg

Fröbel, Friedrich (1838/1840): In: Heiland, H. (1999): Zum gegenwärtigen Selbstverständnis der Fröbelforschung. In: Heiland, H./ Neumann. K./ Gebel, M. (Hrsg.): S.12-40

Grolle, Ingeborg (1998): „Die Demokratie ohne Frauen? In Hamburg um 1848. Die ideale Familie". Aus Briefen von Karl und Johanna Fröbel, 1849. Hamburg

Gumlich, Bruno (1935): Friedrich Fröbel. Brief an die Frauen in Keilhau. Weimar

Halfter, Fritz (1926): Das Vermächtnis Friedrich Fröbels an unsere Zeit. Leipzig

Halfter, Fritz (1931): Friedrich Fröbel. Der Werdegang eines Menschheitserziehers. Halle

Halfter, Fritz (1940): Zur Jahrhundertfeier des Kindergartens. Dortmund

Hanschmann, Alexander-B. (1900): Friedrich Fröbel. Die Entwicklung seiner Erziehungsideen in seinem Leben. Dresden

Hebenstreit, Sigurd (2003): Friedrich Fröbel. Menschenbild, Kindergartenpädagogik, Spielförderung. Jena

Heiland, Helmut (1982): Friedrich Fröbel in Selbstzeugnissen und Bilddokumenten. Reinbek

Heiland, Helmut (1989): Die Pädagogik Friedrich Fröbels. Aufsätze zur Fröbelforschung 1969-1989. Hildesheim

Heiland, Helmut (1993): Die Schulpädagogik Friedrich Fröbels. Hildesheim

Heiland, Helmut (1998): Die Spielpädagogik Friedrich Fröbels. Hildesheim

Heiland, Helmut (2003): Fröbelforschung heute. Aufsätze 1990-2002. Würzburg

Heiland, Helmut (2003): Fröbels Pädagogik – ein nicht eingelöstes Projekt der Moderne. Rede zum 125jährigen Jubiläum des Pestalozzi-Fröbel-Verbandes am 23. April 1998 in Berlin. In: Heiland, H.: S.241-255

Heiland, Helmut / Neumann, Karl / Gebel, Michael (Hrsg., 1999): Friedrich Fröbel. Aspekte international vergleichender Historiographie. Weinheim

Heiland, Helmut (2004): Einleitung. In: Heiland, H./ Gebel, M. (Hrsg.) . S.7-19

Heiland, Helmut (2006): Fröbelforschung heute – Resultate und zukünftige Aufgaben. In: Heiland, H./ Gebel, M./ Neumann, K. (Hrsg.) Würzburg

Heiland, Helmut/ Gebel, Michael (Hrsg., 2004): „Das Streben der Menschen". Autobiographische, anthropologische und spielpädagogische Texte. Würzburg

Heindl, J.B. (Hrsg., 1860): Biographien der berühmtesten und verdienstvollsten Pädagogen und Schulmänner aus der Vergangenheit. Augsburg

Hoffmann, Erika (1982a, Hrsg.): Friedrich Fröbel. Bd.1. Kleine Schriften und Briefe. Stuttgart

Hoffmann, Erika (1982b): Friedrich Fröbel. Ausgewählte Schriften. Bd.4. Die Spielgaben. Stuttgart

Hoffmann, Erika (1986b): Friedrich Fröbel. Ausgewählte Schriften. Bd.2. Die Menschenerziehung. Stuttgart

Hoffmann, Erika/ Wächter, Reinhold (Hrsg., 1986): Friedrich Fröbel. Bd.5. Briefe und Dokumente über Keilhau. Erster Versuch der Sphärischen Erziehung. Stuttgart Ressourcenorientierte Biografiearbeit. Grundlagen – Tielgruppen – Kreative Methoden. Wiesbaden

Hölzle, Christina / Jansen, Irma (Hrsg., 2011): Ressourcenorientierte Biografiearbeit. Grundlagen - Zielgruppen - kreative Methoden. Wiesbaden

Kleinau, Elke (1996): Ein (Hochschul-) Praktischer Versuch. Die "Hochschule für das weibliche Geschlecht" in Hamburg. In: Kleinau, E./ Opitz, C. (Hrsg.)

Kleinau, Elke/ Opitz, Christa (Hrsg., 1996): Geschichte der Mädchen- und Frauenbildung. Band 2: Vom Vormärz bis zur Gegenwart. Frankfurt/Main

Köhler, Lotte (2001): Zur Entstehung des autobiografischen Gedächtnisses. In: Behnken, I./ Zinnecker, J. (Hrsg.): S.65-83

Kohut, Heinz (1973): Überlegungen zum Narzissmus und zur narzisstischen Wut. Psyche. Heft 27: S.513-554.

Kohut, Heinz (1975): Die Zukunft der Psychoanalyse. Frankfurt/Main

Kohut, Heinz (1983): Narzißmus. Eine Theorie der psychoanalytischen Behandlung narzißtischer Persönlichkeitsstörungen. Frankfurt/Main

Kohut, Heinz (1999): Die Heilung des Selbst. Frankfurt/Main

Konrad, Franz-Michael (2004): Der Kindergarten - seine Geschichte von den Anfängen bis in die Gegenwart. Freiburg

Kraft, Volker (1996): Pestalozzi oder das Pädagogische Selbst. Eine Studie zur Psychoanalyse pädagogischen Denkens. Bad Heilbrunn

Kraft, Volker (1998): Psychoanalyse pädagogischen Denkens am historischen Beispiel: Johann Heinrich Pestalozzi (1746-1827). In: Psyche. Heft 3/1998, S.239-254

Kuntze, Marie-Anne (1926): Fröbels Verhältnis zu Frau von Holzhausen. In: Kindergarten 65-68

Lange, Wichard (1869): Wilhelm Middendorf. In: Jahrbuch für Lehrer und Schulfreunde.

Lange, Wichard (1966a): Friedrich Fröbels gesammelte pädagogische Schriften Bd.I. Osnabrück

Langethal, Christian (1872): Keilhau in seinen Anfängen. Erinnerungen des ältesten Zöglings der Anstalt von 1872. In: Neue Keilhauer Friedrich Fröbel-Museum (Hrsg., 2000): Anfänge des Kindergartens. Bad Blankenburg Blätter 6/2000. Vgl.: www.froebelweb.de/head.htm Stand: 04.01.2010

Laplanche/ Pontalis (1972): Das Vokabular der Psychoanalyse. Zwei Bände. Frankfurt/Main

Leutheußer, Elisabeth/ Döpel, Waldemar (Hrsg., 1932): Friedrich Fröbel. Ein Führer aus den Nöten der Gegenwart. Weimar

Lyschinska, Maria (1922a): Henriette Schrader-Breymann. Ihr Leben aus Briefen und Tagebüchern. Bd.1. Berlin

Marenholtz-Bülow, Bertha (1876): Erinnerungen an Friedrich Fröbel. Gesammelte Beiträge zum Verständnis der Fröbel'schen Erziehungsidee. Bd.1. Kassel

Milch, Wolfgang (2002): Wut. In: Mertens, W./ Waldvogel, B. (Hrsg.): Handbuch psychoanalytischer Grundbegriffe. Stuttgart. S.851-853

Muchow, Martha (1932): Fröbels Beiträge zur Psychologie der Frau. In: Leutheusser, E./ Döpel, W. (Hrsg.).

Münchow, Katja (2000): Amalie Krüger – eine der ersten Kindergärtnerinnen. In: Friedrich Fröbel-Museum (Hrsg.): Anfänge des Kindergartens. Bad Blankenburg. S.107-136

Mundorf, Gerda/ Schuffenhauer, Heinz/ Koberstein, Marianne (Hrsg.): Gedenkschrift zum 100. Todestag von Friedrich Fröbel am 21.Juni 1952. Berlin 1952. In: Neue Keilhauer Blätter 4/1999, zitiert nach Fritz Henning.

Nohl, Hermann (1931/32): Friedrich Fröbel an seine Nichte Elise. In: Die Erziehung 7 (1931/32). S.485-487

Oelkers, Jürgen (2005): Reformpädagogik. Eine kritische Dogmengeschichte. Weinheim

Osann, Christiane (1956): Friedrich Fröbel. Lebensbild eines Menschenerziehers. Düsseldorf

Priem, Karin (2000): Bildung im Dialog. Eduard Sprangers Korrespondenz mit Frauen und sein Profil als Wissenschaftler (1903 – 1924). Köln

Prokop, Ulrike (2003): Die Angst vor der Frau im Zeitalter der Intimität. Zum historischen Kontext der ödipalen Situation. In: Busch, H.-J./ Leuzinger-Bohleber, M./ Prokop, U. (Hrsg.): S.151-220

Prüfer, Johannes (1909): Die Pädagogischen Bestrebungen Friedrich Fröbels in den Jahren 1836-1842. Berlin

Prüfer, Johannes (1927): Friedrich Fröbel. Sein Leben und Schaffen. Leipzig

Rabe-Kleberg, Ursula (1988): „Weibliches Arbeitsvermögen" und soziale Berufe – ein gutes Verhältnis? Anmerkungen zum Beitrag von Gudrun-Axeli Knapp. In: Frauenforschung, 4/1988. Bielefeld

Ranke-Graves, Robert. (1990): Griechische Mythologie. Quellen und Bedeutung. Reinbek. S.297-323

Rath, Norbert (2011): Biografisches Verstehen von Kindern. In: Hölzle, C./ Jansen, I. (Hrsg.): Wiesbaden. S.89-107

Reinecker, Hans (Hrsg., 2004): Lehrbuch der Klinischen Psychologie. Göttingen
Rockstein, Marita (1997): Bertha von Marenholtz-Bülow - Repräsentantin der Fröbelbewegung in der zweiten Hälfte des 19. Jahrhunderts. In: Zeitschrift für Bildung- und Wissenschaftsgeschichte. H. 1, S. 41-52.
Rutschky, Katharina (1977): Schwarze Pädagogik. Quellen zur Naturgeschichte der bürgerlichen Erziehung. Frankfurt/Main
Scheveling, Julius (1965): Friedrich Fröbel. Ausgewählte pädagogische Schriften. Paderborn
Schröcke, Kurt (1912): Luise Fröbel. Fröbels zweite Gattin. Blankenburg
Sloterdijk, Peter (2009): Du musst dein Leben ändern. Über Anthropotechnik. Frankfurt/Main
Spranger, Eduard (1951): Aus Friedrich Fröbels Gedankenwelt. Heidelberg
Spranger, Eduard (1965): Vom pädagogischen Genius. Lebensbilder und Grundgedanken großer Erzieher. Heidelberg
Textor, Martin (Hrsg.): Kindergartenpädagogik – Online Handbuch http://www.kindergartenpaedagogik.de/152.html. Stand: 24.02.2010
Theweleit, Klaus (1990a): Objektwahl (All you need is love...). Über Paarbildungsstrategien & Bruchstück einer Freudbiographie. Basel.
Theweleit, Klaus (1991): Buch der Könige. Orpheus und Eurydike. Zweiter Versuch im Schreiben ungebetener Biographien... Frankfurt/Main
Theweleit, Klaus/ Bianci, Paolo (1990b): „Male Couple" oder: Der Künstler und sein Frauenopfer. In: Bechtloff, Dieter (Hrsg.): Kunstforum International. Bd. 107. S.90-101.
Tiedemann, Jens (2007): Die intersubjektive Natur der Scham. Dissertation, FU Berlin. Quelle://www.diss.fu.berlin.de/ diss/receive/FUDISS_thesis_000000002943. Stand: 19.2.2010
Ureña, Enrique M. (2001): Philosophie und gesellschaftliche Praxis. Wirkungen der Philosophie K.C.F. Krauses in Deutschland (1833-1881). Stuttgart
Winnicott, D.W. (1973): Vom Spiel zur Kreativität. Stuttgart

Online-Ausgabe der Fröbelbriefe - Gesamtausgabe:
Bibliothek für Bildungsgeschichtliche Forschung
des Deutschen Instituts für Internationale Pädagogische Forschung
www.bbf.dipf.de/editionen/froebel/ .... Stand: 30. Januar 2008

Bildquellen:
Mit freundlicher Genehmigung des Friedrich Fröbel-Museums Bad Blankenburg
Bilder aus dem Fotoarchiv (Titelbild, S.36, S.56, S.105).

Ingrid Isola

Rodolphe Kreutzer – Komponist, Virtuose und Violinpädagoge
Der Weg zum Erfolg 1766–1799

Frankfurt am Main, Berlin, Bern, Bruxelles, New York, Oxford, Wien, 2010.
623 S., zahlr. Abb.
Europäische Hochschulschriften. Reihe 36: Musikwissenschaft. Bd. 263
ISBN 978-3-631-60894-4 · br. € 69,80*

Dieses Buch gibt Einblick in die spannende Biografie des Komponisten, Virtuosen und Violinpädagogen Rodolphe Kreutzer (1766–1831). Sein Weg in die Salons der französischen Aristokratie und sein sozialer Aufstieg vom Orchestermusiker zum gefragten Violinvirtuosen und Komponisten in Paris werden bis 1799 vor dem Hintergrund der konfliktgeladenen Revolutionszeit dokumentiert. Die Autorin fokussiert auf das Werk des Komponisten – Opern, Kammermusik und violinpädagogische Werke – und präsentiert erstmals ein Kreutzer-Werkverzeichnis mit 276 Werken. Die Darstellung vieler bislang unbekannter Quellen und Notenbeispiele, sowie die Identifizierung bisher nicht bekannter Autographe, liefern einen essentiellen Beitrag zur musikhistorischen Forschung zu Paris in der zweiten Hälfte des 18. Jahrhunderts.

Aus dem Inhalt: Vorbereitung auf die Karriere durch Lemière und Anton Stamitz im Ancien Régime in Versailles · Das Concert Spirituel in Paris · In den Wirren der Revolutionszeit · Komponist am Theater der Comédie-Italienne, Orchesterleitung am Théâtre National · Professor für Violine · Konzerttournee · Kreutzer-Werk-Verzeichnis

Frankfurt am Main · Berlin · Bern · Bruxelles · New York · Oxford · Wien
Auslieferung: Verlag Peter Lang AG
Moosstr. 1, CH-2542 Pieterlen
Telefax 0041(0)32/3761727

*inklusive der in Deutschland gültigen Mehrwertsteuer
Preisänderungen vorbehalten
Homepage http://www.peterlang.de